Monika Heilmann

30 Minuten

Stärken stärken

Viel Freude und Erfolg
beim Cross Mentoring
wünscht

Susanne Bohn

© 2016 SAT.1 www.sat1.de Lizenz durch ProSiebenSat.1 Licensing GmbH, www.prosiebensat1licensing.com

Bibliografische Information der Deutschen Nationalbibliothek

Die Deutsche Nationalbibliothek verzeichnet diese Publikation in der Deutschen Nationalbibliografie; detaillierte bibliografische Daten sind im Internet über http://dnb.d-nb.de abrufbar.

Umschlaggestaltung: die imprimatur, Hainburg
Umschlagkonzept: Martin Zech Design, Bremen
Lektorat: Eva Gößwein, Berlin
Satz: Zerosoft, Timisoara (Rumänien)
Druck und Verarbeitung: Salzland Druck, Staßfurt

© 2016 GABAL Verlag GmbH, Offenbach

Hinweis:
Das Buch ist sorgfältig erarbeitet worden. Dennoch erfolgen alle Angaben ohne Gewähr. Weder die Autorin noch der Verlag können für eventuelle Nachteile oder Schäden, die aus den im Buch gemachten Hinweisen resultieren, eine Haftung übernehmen.

Printed in Germany

ISBN 978-3-86936-735-4

In 30 Minuten wissen Sie mehr!

Dieses Buch ist so konzipiert, dass Sie in kurzer Zeit prägnante und fundierte Informationen aufnehmen können. Mithilfe eines Leitsystems werden Sie durch das Buch geführt. Es erlaubt Ihnen, innerhalb Ihres persönlichen Zeitkontingents (von 10 bis 30 Minuten) das Wesentliche zu erfassen.

Kurze Lesezeit

In 30 Minuten können Sie das ganze Buch lesen. Wenn Sie weniger Zeit haben, lesen Sie gezielt nur die Stellen, die für Sie wichtige Informationen beinhalten.

- Alle wichtigen Informationen sind blau gedruckt.

- Schlüsselfragen mit Seitenverweisen zu Beginn eines jeden Kapitels erlauben eine schnelle Orientierung: Sie blättern direkt auf die Seite, die Ihre Wissenslücke schließt.

- *Zahlreiche Zusammenfassungen innerhalb der Kapitel erlauben das schnelle Querlesen.*

- Ein Fast Reader am Ende des Buches fasst alle wichtigen Aspekte zusammen.

- Ein Register erleichtert das Nachschlagen.

Inhalt

Vorwort

Kennen Sie Ihre Stärken? Ganz bewusst frage ich nicht nach Ihren Schwächen, sondern ich nehme an, dass Sie – genauso wie viele andere Menschen – Ihre Schwächen mühelos aufzählen können. Und schon haben wir Ihren Fokus auf die Schwächen gelenkt. Der Fokus in diesem Buch liegt jedoch darauf, Ihre Stärken zu entdecken und zu festigen, Vertrauen in die eigenen Fähigkeiten zu entwickeln und zu der Einstellung zu finden: „Komme, was wolle, ich werde damit fertig!"

Dieses Buch hat zum Ziel, Ihnen zu helfen, zu erkennen und sich ins Bewusstsein zu rufen, welche Tätigkeiten Ihnen Spaß bereiten und was genau Sie oft freiwillig tun. Spüren Sie immer wieder Ihrer Lebendigkeit nach, entdecken Sie, wofür Ihr inneres Feuer brennt. Was Ihnen Spaß macht, das tun Sie öfter und das fällt Ihnen deshalb zunehmend leichter. Die Folge ist, dass Sie es immer besser können – Sie bekommen mehr und mehr Routine.

Wenn Sie Ihre Stärken kennen, können Sie sich konsequent auf diese besinnen und sie systematisch ausbauen. Das Wissen darüber, welche Stärken Sie auszeichnen, versetzt Sie auch in die Lage, Ihre Schwächen zu verstehen, sie anzunehmen und mit ihnen besser umzugehen. Diese Erkenntnis verschafft Ihnen wiederum das nötige „Sich-seiner-selbst-bewusst-Sein" für ein selbstbewusstes Auftreten sowie ein glückliches und zufriedenes Leben.

Die Stärken zu stärken bedeutet, diese immer wieder zu üben und auszuprobieren. Es bedeutet, aus den gemachten Fehlern zu lernen, ohne ihnen jedoch die Oberhand zu überlassen. Eine starke Persönlichkeit entwickelt sich aus den vielfältigsten, unterschiedlichsten Lebenserfahrungen heraus – guten wie schlechten –, bestärkt dadurch, den Fokus auf die Stärken, Fähigkeiten, Talente und Begabungen zu legen.

Spüren Sie mit diesem 30-Minuten-Buch Ihren Stärken nach, finden Sie heraus, wo Ihr inneres Feuer brennt, wie Sie Ihre Stärken nutzen, damit umgehen und sie vor allem ins Gespräch bringen oder damit im Gespräch bleiben können.

Viel Freude beim Entdecken Ihrer Stärken wünscht Ihnen

Ihre
Monika Heilmann

30 MINUTEN

1. Stärken finden

Sich mit seinen Stärken auseinanderzusetzen bedingt als Erstes, seine Stärken zu kennen. Wer sich auf den Weg macht, seine ihm eigenen Stärken zu finden und zu bestimmen, wird eine spannende Zeit mit sich selbst erleben.

Was zeichnet Sie aus, was sind Ihre Talente, Begabungen, Fähigkeiten und Ressourcen? Das zu entdecken ist eine lohnenswerte Aufgabe – und eine Herausforderung an Ihr Ego, manchmal mit echter Arbeit verbunden. Lassen Sie sich in diesem Kapitel darauf ein, die Basis für Ihre persönliche Weiterentwicklung zu legen.

1.1 Wo brennt Ihr inneres Feuer?

In jedem von uns ist eine unverwechselbare Persönlichkeit angelegt, eine Mischung aus verschiedenen Eigenschaften, Talenten und Begabungen. Diese Persönlichkeitsmerkmale sind unser Schicksal und vor allem gleichzeitig unsere Chance. Häufig schöpfen wir jedoch unsere inneren Potenziale nicht aus, wir vernachlässigen unsere Träume, unsere besondere Begabung und gehen faule Kompromisse ein. Finden Sie heraus und erspüren Sie, was tief in Ihrem Inneren drängt, was tief in Ihrem Inneren sagt: „Das musst du tun, das ist dein Ding!"

Wie finden Sie heraus, was Ihr Ding ist?

Es gibt verschiedene Möglichkeiten, auf die Sie sich einlassen können. Für manche Menschen ist es sinnvoll, sich selbst zu reflektieren, sich eine längere Zeit selbst zu beobachten, sich selbst zu hinterfragen. Dazu gehört, auf inneren Empfang zu schalten, die inneren Antennen zu sensibilisieren. Manche Menschen ziehen sich dazu gerne zurück, sorgen für innere und äußere Ruhe, konzentrieren sich voll und ganz auf sich. Sie sind achtsam mit sich und in ihrem Umgang mit allem, was sie vom Wesentlichen, nämlich dem Finden des eigenen inneren Antriebs, ablenkt.

Bei anderen Menschen wiederum brennt das innere Feuer deutlich und unverkennbar auch für andere in ihrem Umfeld. Jeder weiß, was dieser Person liegt, was diese Person gerne tut, für was diese Person steht und für was sie brennt.

Wie erkennen Sie Ihr inneres Feuer?

Wer sein inneres Bedürfnis erkennt, spürt eine auffällige Lebendigkeit in sich. Es drängt nach außen, was innerlich brennt – ein Schub Energie kommt zutage und die spürbare Vitalität beflügelt zur Höchstleistung: der Flow! Kennen Sie Situationen, bei denen Sie über sich hinausgewachsen sind? Vermutlich waren Sie da in einer Flow-Situation!

Als erste Übung in diesem Buch empfehle ich Ihnen, sich in einer ruhigen Stunde zurückzuziehen, einen ruhigen Platz zu suchen – sei es in Ihrer Wohnung oder in der Natur, es spielt keine Rolle, wo. Wichtig ist, dass Sie sich an diesem Platz wohlfühlen.

Übung

Beobachten Sie sich, spüren Sie in sich hinein. Stellen Sie sich die Frage: Wie geht es mir gerade? Notieren Sie sich dann bitte Folgendes:

Wie fühle ich mich im Moment?

_____

_____

Was spüre ich in meinem Körper?

_____

_____

Welche Gedanken habe ich?

_____

_____

Welche Abneigungen spüre ich?

_____

_____

Vielleicht empfinden Sie, wenn Sie diese Übung das erste Mal angehen, gar nichts oder Sie können Ihre Empfindungen nicht zuordnen. Das Nach-innen-Schauen, sich selbst aufmerksam zu beobachten und zu reflektieren – auch das verlangt eine gewisse Übung. Geben Sie nicht auf, sondern führen Sie diese erste Übung immer wieder von Neuem aus. Keinesfalls sollten Sie versuchen, Ergebnisse zu erzwingen. Wenn Sie merken, es gelingt Ihnen keine Innenschau, dann brauchen Sie möglicherweise mehr Zeit oder Sie sollten damit beginnen, sich Feedback aus Ihrem Umfeld zu holen.

Die Fähigkeit zur Innenschau

Eine Weiterentwicklung Ihrer Persönlichkeit durch Stärken stärken verlangt die Fähigkeit zur Innenschau, zur Besinnung, und den Mut, bisherige Anschauungen und Ziele sowie das eigene Denken und Handeln zu hinterfragen. Sich zu hinterfragen, also sich selbst mit dem eigenen Tun und Handeln infrage zu stellen, heißt nicht, sich ständig selbst zu kritisieren oder an sich zu zweifeln. Es bedeutet, achtsam mit sich zu sein, zu spüren, was Ihnen selbst gut tut und bei welchen Tätigkeiten, in welchen Situationen Sie sich wirklich wohlfühlen. Es geht darum, den inneren Flow zu spüren, um diesen bewusst zu erwirken und bewusst zu erreichen.

Hoffen Sie nicht darauf, dass durch Zufall irgendwann der Flow eintritt, dass Sie irgendwann merken: „Hoppla, jetzt brennt mein inneres Feuer." Ziel ist es vielmehr, herauszufinden, wie möglichst häufig ein Flow-Erlebnis durch das eigene Tun und Handeln bewusst herbeigeführt werden kann.

1.2 Was motiviert Sie?

Der Begriff „Motivation" hat seinen Ursprung im lateinischen Verb „movere" und bedeutet: bewegen, antreiben. Motivation ist unsere innere Triebkraft, unser Motor, der uns zu unseren Zielen führt und uns dazu bringt, ein zielgerichtetes Verhalten zu haben und zu leben. Sind wir motiviert, bedeutet das, dass wir in einer bestimmten Art und Weise handeln, um mit einem ausgeprägten Willen und mit Nachdruck ein konkretes Ziel zu erreichen.

Intrinsische Motivation
Man spricht von intrinsischer Motivation, wenn Menschen in der Lage sind, sich selbst von innen heraus so

wirksam wie möglich zu motivieren. Intrinsische Motivation ist tragfähig und nachhaltig. Sie entsteht, wenn uns eine Aufgabe, eine Arbeit leichtfällt, weil wir diese gerne tun, weil wir diese freiwillig verrichten und mit Spaß. Wenn wir selbst einen Sinn in einer Tätigkeit erkennen, fällt es uns leicht, uns anzustrengen und über uns hinauszuwachsen. Wir tun etwas, einfach weil es Spaß macht, weil es unsere Interessen oder Bedürfnisse befriedigt oder weil wir Herausforderungen annehmen und meistern möchten. Wir tun etwas um seiner selbst willen. Beispiele hierfür wären Musiker, die mit Begeisterung ein Instrument spielen, und Verkäufer, die engagierte, wertschätzende Gespräche mit Kunden führen, weil es ihnen Spaß macht.

Extrinsische Motivation

Das Verhalten extrinsisch motivierter Menschen richtet sich hauptsächlich danach, ob eine Aussicht auf Belohnung von außen oder auf konkrete Vorteile besteht oder ob bestimmte Nachteile vermieden werden können. Da extrinsische Verhaltensweisen fast nur durch äußere Anreize gesteuert werden, sinkt häufig die innere Beteiligung und ein Flow-Gefühl bleibt aus: Der Musiker spielt für Geld und der Verkäufer will den Umsatz steigern und damit seine Gewinnbeteiligung.

Beispiel: Sie verabreden sich einmal wöchentlich mit Freunden zum Joggen, weil Sie danach gemütlich in einem Lokal zusammensitzen und plaudern. Wenn

Ihre Freunde keine Zeit haben, gehen Sie nicht zum Joggen, weil Sie sich alleine nicht aufraffen können. Ziel wäre in diesem Fall, sich aus eigenem innerem Antrieb, aus einer intrinsischen Motivation heraus auch allein zum Joggen aufzumachen und auch ohne anschließendes gemütliches Beisammensein eine Befriedigung durch die sportliche Aktivität zu erfahren.

Motivation ist Eigenleistung

Stärken motivieren: Was einem gut und leicht von der Hand geht, womit man Erfolg hat, das tut man wiederholt gerne. Ohne Anreiz von außen. Ist Ihnen bewusst, was Sie gerne tun? Bei welcher Arbeit, bei welchem Tun Sie erfolgreich sind?

Viele Menschen bemerken ihren Erfolg gar nicht. Sie sind beispielsweise im Berufsleben unbewusst zurückhaltend oder zu bescheiden, um selbst zu erkennen, wann sie ausgesprochen gut und kompetent gearbeitet haben. Sie empfinden gute Arbeit als zu selbstverständlich und machen sich selbst klein. Zur intrinsischen Motivation gehört allerdings, dass Sie erkennen und wissen, wann Sie im Flow arbeiten und was genau Sie dabei beflügelt. Nur dann können Sie das gute Gefühl immer wieder erreichen.

Übung

Welche Verhaltensweisen zeigen Sie, wenn Sie sich motiviert fühlen?

_____

_____

Was bereitet Ihnen in Ihrem Beruf Spaß?

_____

_____

Was macht Ihnen im Privatleben Spaß?

_____

_____

Wann und bei welcher Tätigkeit waren Sie das letzte Mal so richtig zufrieden mit sich?

_____

_____

Wenn Sie darauf warten, von anderen motiviert zu werden, sei es durch Lob, Anerkennung, finanzielle Anreize oder bestimmte Vorteile, können Sie unter Umständen lange warten! Deshalb ist es vorteilhaft für Sie, wenn Sie selbst Verantwortung für das übernehmen, was Sie motiviert und worin Sie gut sind.

Motivation zur Veränderung:
Wir Menschen können auch aus einer negativen Situation heraus motiviert sein, etwas zu tun oder etwas zu verändern. Wenn beispielsweise Druck oder Ärger am Arbeitsplatz unerträglich werden, sind wir eher bereit, die Abteilung oder die Firma zu wechseln und uns neuen Herausforderungen zu stellen.

Extrinsische Motivation bewirkt eine nur kurzfristige Befriedigung und bedarf immer stärker wer-

dender Anreize von außen. Besser ist es, wenn Sie Ihre inneren Motive aufspüren – dann entsteht echte, intrinsische Motivation.

1.3 Ressourcen und Kraftquellen

Jeder Mensch ist anders, jede Situation, jede Herausforderung und jede Lebensphase fordert andere Ressourcen, andere Quellen der Kraft und Energie. Was dem einen hilft, hilft nicht unbedingt ebenso dem anderen. Wenn Freunde Ihnen empfehlen, etwas Bestimmtes zu tun, weil Sie sich in einer belastenden Situation befinden, hilft Ihnen diese Empfehlung nicht unbedingt genauso gut, wie sie Ihren Freunden in der gleichen Situation geholfen hat. Die Wurzel des Wortes „Ressource" liegt im französischen Wort „source" und bedeutet Quelle. Entdecken Sie für sich selbst Ihre individuellen, persönlichen Ressourcen, Ihre ureigenen Quellen der Kraft und Energie.

Ihre Leistungen und Erfolge

Die inneren Potenziale eines Menschen zur Entwicklung seiner Persönlichkeit werden als Ressourcen bezeichnet und betreffen beispielsweise Fähigkeiten, Fertigkeiten, Kenntnisse, Geschicke, Erfahrungen, Talente, Neigungen und Stärken, die dieser Person oftmals gar nicht bewusst sind. Auch Sie können aus diesen Quellen schöpfen, sowohl für die Gestaltung eines zufriedenen, glücklichen Lebens im privaten als auch im beruflichen

Bereich. Von hoher Bedeutung sind Ressourcen, wenn es mal im Privatleben oder im Beruf nicht so läuft, wie es soll, und Probleme und Schwierigkeiten bewältigt werden müssen. Dann ist es für Sie entscheidend, auf Ihre Ressourcen zurückgreifen zu können und diese zur Überwindung von Hindernissen gezielt zu nutzen. Ihre Ressourcen sind Ihr innerer Reichtum!

Übung

Nehmen Sie sich bitte etwas Zeit für diese Übung. Den meisten Menschen fällt es schwer, sich an Situationen in der Vergangenheit zu erinnern, in denen sie Probleme und Herausforderungen gut gemeistert haben, und vor allem daran, mit welchen Stärken sie das geschafft haben. In unserem Gedächtnis bleibt eher haften, was uns nicht so gut gelungen ist, was schiefging.

Notieren Sie Ihre positiven Leistungen, Ihre Fähigkeiten und Ihre Erfolge bis heute:		
Wann/Wobei war das?	**Was haben Sie konkret geleistet? Welche Schwierigkeit mussten Sie überwinden?**	**Welche Eigenschaften, welche Fähigkeiten haben Ihnen in dieser Situation geholfen?**
Schule/ Kindesalter		
Ausbildung/ Studium		

Privatleben/ Familie		
Berufsleben		
Hobby/ Verein/Sport		

Äußere Kraftquellen

Die Liste Ihrer inneren Ressourcen können Sie durch Kraftquellen erweitern, die Ihnen durch andere Menschen von außen oder durch bestimmte eigene Handlungsweisen gegeben werden. So können zum Beispiel bestimmte Tätigkeiten wie Sport, ein Hobby oder auch bestimmte Entspannungsarten Kraftquellen sein. Kontakte mit anderen Menschen können Sie inspirieren, Ihnen Mut machen und eine positive Wirkung auf Sie haben. Daraus können Sie Kraft und Energie schöpfen. Visionen, Ziele, Werte, Glaube, Religion sowie Überzeugungen, für die man eintritt, können ebenfalls als Kraftquellen dienen.

Machen Sie sich bewusst, welche Menschen in Ihrem Umfeld

- Sie bestärken,
- Ihnen Mut machen,
- interessiert danach fragen, was Sie umtreibt,
- Ihnen positives Feedback geben,

- Ihnen unverblümt kritisches Feedback geben, ohne Sie zu verletzen oder zu kränken,
- Ihren beruflichen Weg wohlwollend begleiten.

Meiden Sie Energie-Vampire. Das sind Menschen, die immerzu Hindernisse sehen, die Ihnen möglicherweise von allem abraten, die eine negative Grundhaltung gegenüber Veränderungen und Neuem haben, die in Ihnen nur Ihre Schwächen erkennen. Sie rauben Ihnen Ihre Energie!

Als ich mich vor einigen Jahren von meinem unkündbaren Angestelltenverhältnis verabschiedete und freiberuflich meine Coaching- und Trainertätigkeit aufnahm, gab es eine Reihe von Menschen, die mir – aus welchen Gründen heraus auch immer – davon abrieten und mich schon als gescheiterte Existenz sahen. Ich habe mich damals den Menschen zugewandt, die mir als äußere Kraftquellen Mut gemacht haben, die mich gestärkt haben und die mir durch ihre positive Grundstimmung – mit konstruktiver, motivierender Kritik – geholfen haben.

Ihre Ressourcen-Box

Sammeln Sie all Ihre Ressourcen, notieren Sie sich alles, woraus Sie Kraft schöpfen. Legen Sie sich Ihre Ressourcen-Box zu, die alles enthält, was Sie dabei unterstützt, in einen Flow zu kommen oder schwierige Situationen und Probleme zu meistern.

Diese Ressourcen-Box kann ein kleiner, verzierter Karton oder ein hübscher Briefumschlag sein, in dem Sie

Ihre auf Zetteln notierten Ressourcen und Kraftquellen sammeln und aufbewahren. Diese Sammlung sollten Sie immer wieder ergänzen und erweitern.

> **Beispiel:** In einem Coaching erzählte mir eine Coachee, dass sie sich nach unserer Sitzung ihre Ressourcen-Box zugelegt hat. Bei Schwierigkeiten oder Unsicherheiten setzt sie sich nun vor ihre Box, konzentriert sich auf ihr Thema und zieht sich einen Ressourcen-Zettel aus der Box. Auf die zufällig intuitiv gezogene Ressource konzentriert sie sich dann. Sie berichtete mir, das hätte ihr bei ihren bisherigen Schwierigkeiten prima geholfen. So vorzugehen, sich selbst so stark zu vertrauen, das ist auch eine Möglichkeit ...

Eigene Ressourcen und Kraftquellen sind notwendig, um das Selbstwertgefühl intakt zu halten und gut durchs Leben zu kommen. Achten Sie auf die Menschen, welche Ihnen als Rückmeldung Anerkennung oder Respekt zollen und Sie loben!

1.4 Talente erkennen

Ob sich Begabungen und Talente entfalten, hängt von vielen verschiedenen Faktoren ab. Oft sind diese verborgen und müssen erst entdeckt werden. Viele Menschen sind sich ihrer Talente, ihrer besonderen Begabungen, nicht bewusst oder erkennen nicht, dass eine besondere Fähigkeit, die sie haben, als Talent bezeichnet werden kann. Häufig haben wir noch die Auffassung, dass Talente auf musische oder künstlerische Begabungen beschränkt seien, doch ist die Bedeutung des Begriffs viel umfassender. Als Talente werden heutzutage weitaus mehr Fähigkeiten und Potenziale bezeichnet als rein kreativ-künstlerische Talente. Ganz gleich, ob Talente für ein zufriedenes Privatleben oder für ein erfolgreiches Berufsleben nützlich sein können – jeder Mensch sollte sein individuelles Talent kennen, es ausbauen und bewusst einsetzen.

Begeben Sie sich auf die Suche

Dass jemand seine Talente nicht kennt, kann daran liegen, dass in der Kindheit bei der Erziehung besondere Begabungen nicht verstanden oder als negative Eigenschaften abgetan wurden. Wenn beispielsweise in einer Familie bei den Kindern eher ruhige, zurückhaltende Verhaltensweisen gefördert werden, kann sich die Fähigkeit eines kommunikativ und initiativ veranlagten Kindes möglicherweise nicht entwickeln.

Im Erwachsenenalter könnte dieser Person beispielsweise ein Coaching dabei helfen, verschüttete kommunikative Talente ans Tageslicht zu bringen und als Stärke einzusetzen. Gerade im Coaching fällt mir immer wieder auf, dass viele Menschen sich nicht trauen, eine in ihnen besonders ausgeprägte Fähigkeit auszuleben, da sie in der Kindheit mit Aussagen wie *„Das ist nichts für dich!"* belehrt und zu anderen Verhaltensweisen angehalten wurden, vielleicht deshalb, weil diese Fähigkeit den Eltern oder anderen Bezugspersonen nicht gefiel oder gesellschaftlich gerade unüblich und nicht besonders gut angesehen war.

Übung

Bei welchen Tätigkeiten
– fühlen Sie sich besonders glücklich?

_____

_____

– können Sie nicht aufhören, damit/dafür zu arbeiten?

_____

_____

– fühlen Sie sich außerordentlich lebendig?

_____

_____

– verlieren Sie völlig das Zeitgefühl?

_____

_____

– haben Sie eine besonders schnelle Auffassungsgabe?

_____

_____

– bekommen Sie häufig positives Feedback?

_____

_____

Ein Talent bedarf der Pflege

Zahlreiche Menschen sind an ihren Talenten gescheitert. Und zwar deshalb, weil sie ihre Talente nicht genug gewürdigt und gepflegt haben. Ein Talent muss wie ein junges Pflänzlein gehegt und gepflegt werden: Es braucht Wasser, es braucht Dünger, es braucht Licht und Sonne, es braucht einen guten Nährboden zum Wachsen und Zeit, bevor es geerntet werden kann.

Das Reifen eigener Talente wird angeregt durch

- gezieltes Üben,
- entsprechende Fortbildungen im Bereich der vorhandenen Talente,
- das Erlernen des Handwerkszeugs zusätzlich zum Talent,
- einen Arbeitsplatz, der dem Talent entgegenkommt.

Wer zu nachlässig mit seinen Talenten umgeht, wer meint: *„Mein Talent wird das schon richten, ich habe doch ausreichend Talent, das gedeiht von alleine"* – wer so denkt, der wird scheitern!

Sich selbst, seine Fähigkeiten und seine Leiden-schaften kennenzulernen, ist eine wichtige Grundlage, um Stärken zu stärken.

30

- *Damit Sie sich selbst und Ihre Stärken entde-cken können, gilt es herauszufinden, für wel-che Tätigkeit, für welche Aufgabe Ihr inneres Feuer brennt, wofür Ihr Herz schlägt und was Sie leidenschaftlich gerne tun.*

- *Motivation ist der Antrieb, der Motor für uns Menschen, um ein Ziel zu erreichen.*

- *Je besser Sie um Ihre Ressourcen wissen und diese einsetzen und je mehr Sie sich zusätzlich auf äußere Kraftquellen einlassen können, umso selbstbewusster wird Ihr Auftreten wer-den. Sie werden sich persönlich weiterentwi-ckeln und mit Ihren Stärken intensiver wahrge-nommen werden.*

- *Allein das Erkennen von Talenten und Bega-bungen reicht nicht aus. Diese müssen geför-dert und ausgebaut werden. Nur dann kann reichlich geerntet werden.*

30 MINUTEN

2. Stärken vertrauen

Um Ihren eigenen Kompetenzen zu vertrauen und von diesen überzeugt zu sein, müssen Sie selbstverständlich vorher genau wissen, was Ihre Kompetenzen, Ihre Fähigkeiten sind, worin Ihre Stärken liegen. Erst wenn Sie das Wissen darüber verinnerlicht haben, werden Sie damit selbstbewusst und selbstsicher auftreten und Ihre Kompetenz vor allem im beruflichen Alltag erfolgreich einsetzen können. Dazu gehört auch, dass Sie wissen, welche Eigenschaften und Stärken andere an Ihnen schätzen – sowohl in Ihrer Kommunikation als auch in Ihrem Verhalten. Dieses Kapitel baut auf den Stärken auf, die Sie zuvor ermittelt haben: Es geht um Ihre Werte für Ihr Leben, Ihr Selbst- und Fremdbild, um Ihre Wirkung auf andere und um Verantwortung für Ihr eigenes Tun und Handeln.

2.1 Werte und innere Stärke

Wir können kaum längere Zeit gegen unsere inneren Werte leben und handeln. Sollten wir das tun, boykottieren wir uns selbst, außerdem belastet uns ein solch widersprüchliches Verhalten und verschafft uns inneren Stress. Bei fast all unseren Entscheidungen lenken unsere inneren Werte unser Verhalten, genauso wie unsere Zielsetzungen durch unser inneres Wertesystem beeinflusst werden.

Was sind Werte?

Werte werden in der Kindheit durch das Elternhaus und die Erziehung und durch das gesellschaftliche Umfeld vermittelt.

Beispiele für Werte:
- ein ausgeprägtes soziales Verhalten oder im Gegensatz dazu eine Orientierung an materiellen Zielen und Reichtum,
- sportliches oder gesundheitsorientiertes Verhalten,
- ein Leben in Verbundenheit mit der Natur,
- Macht,
- Selbstbestimmung, Freiheit und Ungebundenheit,
- Familienglück,
- Abenteuerlust, Verantwortung, Fairness,
- Gerechtigkeit, Toleranz, Treue oder ehrenamtliches Engagement,
- Karriere oder ein Streben nach Anerkennung und Erfolg.

Werte berücksichtigen

Wenn wir das, was wir tun, nicht als sinnvoll empfinden, fragen wir uns irgendwann: „Was soll das Ganze?" Sich hin und wieder die Sinnfrage zu stellen hilft, Zufriedenheit zu erlangen, die eigene Leistungsfähigkeit zu bewahren und ein erfülltes Leben zu führen.

Verhaltensweisen, durch die Sie beispielsweise die Erwartungen anderer Menschen erfüllen, aber nicht Ihre eigenen, führen möglicherweise zu inneren Konflikten. Wenn Sie zu häufig dem Mainstream folgen anstelle den eigenen Überzeugungen und Wertvorstellungen, kann das ebenfalls zu inneren Konflikten führen. Wenn Sie über einen längeren Zeitraum in einem Unternehmen arbeiten, dessen Ziele oder Produkte nicht mit Ihren Wertvorstellungen übereinstimmen, werden Sie ebenfalls mit inneren Konflikten und deren Auswirkungen konfrontiert werden. Alle inneren Konflikte können im Laufe der Zeit psychosomatische Krankheiten auslösen oder in der Zusammenarbeit sowie im Zusammenleben mit anderen Menschen aufbrechen und eskalieren. Menschen, die in Einklang mit ihren inneren Werten leben und handeln, sind weitaus erfolgreicher, zufriedener und ausgeglichener.

Übung

Diese Fragen sollten Sie sich stellen:
Was bedeuten Werte für Ihr Leben?

_____

_____

Welche Gedanken, welche Werte, welche Überzeugungen bestimmen Ihr Handeln?

_____

_____

Welche Werte wurden Ihnen in Ihrer Kindheit vermittelt? In Ihrem Elternhaus, durch Ihr Umfeld?

_____

_____

Welche Werte dominieren in dem Unternehmen, in dem Sie arbeiten?

_____

_____

Ihre Werte und Ihre Einstellungen zum Leben prägen Ihr Handeln: Wir alle handeln aus unseren Werten heraus! Und der Einfluss unserer inneren Werte auf unsere Entscheidungen ist enorm. Weshalb wir eine Entscheidung so und nicht anders treffen, können wir häufig nicht begründen, weil wir aus einem inneren Bauchgefühl heraus gehandelt und entschieden haben. Wenn wir uns selbst genauer kennenlernen, gelingt es uns allerdings zunehmend besser, bewusst unsere Werte zu berücksichtigen, diese als Stärke zu nutzen, sie in unser Leben bewusst zu integrieren und auf sie zu vertrauen.

Wir Menschen brauchen Werte

Werte sind nicht angeboren, sie können sich im Laufe unseres Lebens durch äußere Einflüsse oder durch unsere Erfahrungen verändern. Die Stimmigkeit unserer inneren Werte mit unserem gelebten Leben steigt mit zunehmendem Lebensalter an. Nicht nur wir selbst als einzelne Menschen, als Individuen, brauchen für ein zufriedenes Leben Werte. Auch eine Gesellschaft benötigt Basiswerte für ein friedliches Zusammenleben. Fehlen diese Basiswerte, machen sich in unseren Beziehungen, in unserem Zusammenleben, in unserer Kultur destruktive Verhaltensweisen breit. In unserem seit 1949 geltenden Grundgesetz wurden Werte wie Menschenwürde, die freie Entfaltung der Persönlichkeit, Gleichberechtigung, Freiheit, Gerechtigkeit und Sicherheit festgeschrieben – sie bilden die Voraussetzungen für ein menschliches, wertschätzendes Zusammenleben in einem Staat.

Obwohl bestimmte Grundwerte ein Leben lang gleich bleiben können, sind Werte nicht statisch, sondern können sich verändern. Erstrebenswert ist es, werteauthentisch zu leben – was mit zunehmendem Lebensalter mehr und mehr gelingt: Gewünschte Werte und gelebte Werte werden stimmig.

2.2 Selbst- und Fremdbild anglei-chen

Von zwei amerikanischen Sozialpsychologen namens Joe Luft und Harry Ingram wurde ein Modell entwickelt, das wie ein Fenster aussieht und dementsprechend „Johari-Window" genannt wird. Aufgeteilt in vier Bereiche, vier Quadranten, ist es ein in Kommunikations- und Persönlichkeitstrainings beliebtes Modell, das es ermöglicht, menschliches Verhalten und seine Wirkung einzuordnen.

Das Johari-Fenster

A – Öffentliche Person	B – Blinder Fleck
„Dieser Teil von mir ist mir und anderen bekannt."	*„Diesen Teil von mir kenne ich nicht."* *„Andere kennen diesen Teil von mir."*
C – Privates/Geheimes	D – Unbewusstes
„Dieser Teil von mir ist mir bekannt – anderen jedoch nicht."	*„Ich kenne diesen Teil von mir nicht."* *„Auch andere kennen diesen Teil von mir nicht."*

Quadrant A – Öffentliche Person

Im Quadranten der „öffentlichen Person" bewegen wir uns in unserem Verhalten ständig. Es ist der Bereich, in dem wir frei und ungezwungen handeln. Hier sind wir authentisch, wir sind echt in unserem Verhalten. Wir machen uns und anderen nichts vor. Wir sind offen, es gibt keine Kommunikationsschranken. Wir sagen das, was wir meinen, und wir geben uns so, wie wir sind. In diesen Bereich gehört der Teil unseres Verhaltens, den wir selbst kennen und den auch andere von uns kennen und erleben.

Quadrant B – Blinder Fleck

Dies ist der Bereich, der uns selbst nicht bewusst ist, der aber für andere umso deutlicher wahrnehmbar und sichtbar ist. Im Bereich des „blinden Flecks" haben wir unsere besten Lernmöglichkeiten, unser größtes Entwicklungspotenzial. Hier befinden sich unsere Marotten, unsere Vorurteile, unsere Zu- oder Abneigungen, unsere nonverbale Ebene. Auch Minderwertigkeitsgefühle haben hier ihre Heimat.

Je größer und ausgeprägter der Quadrant B bei Ihnen ist, desto weniger wissen Sie, wie Sie auf andere wirken. Gut wäre für Sie, wenn Sie sich öfter Feedback über die Verhaltensweisen einholen würden, die Sie anderen unbewusst zeigen: über Ihren blinden Fleck, also die Seiten von Ihnen, die Sie selbst nicht bemerken und nicht kennen. Dadurch gelingt es Ihnen zunehmend besser, Ihr vormals unbewusstes Verhalten zu erkennen und zu reflektieren.

Quadrant C – Privates/Geheimnis

Alles, was wir bewusst verbergen und nicht preisgeben wollen, befindet sich hier! Die eigenen Schwächen, die Intim- und Privatsphäre, gegebenenfalls das eigene Wertesystem oder die politische Gesinnung oder auch Geschehnisse, die uns peinlich sind. Wir verbergen das, weil wir unser Gesicht wahren möchten. Sind wir neu in einer Gruppe, bewegen wir uns häufig im Quadranten C. Wir sind möglicherweise bereit, anderen Menschen von diesem Bereich mehr zu zeigen, uns zu öffnen, wenn wir die Menschen besser kennen und Vertrauen zu ihnen haben.

Quadrant D – Unbewusstes

Das Verborgene in uns. Weder uns noch anderen sind diese Seiten von uns bekannt oder bewusst, zum Beispiel unsere Abgründe, aber auch verborgene Talente, schlummernde Begabungen oder eine unterschwellige Unzufriedenheit mit der Arbeits- oder Lebenssituation. Mit Therapien und tiefenpsychologischen Verfahren können diese verborgenen Seiten sichtbar gemacht und ins Bewusstsein gebracht werden. Doch auch ohne therapeutische Unterstützung können Sie Quadrant A erkunden:

- wenn Sie an Ihrer eigenen Persönlichkeit und den Stärken arbeiten,
- wenn Sie achtsam in sich hineinhören,
- wenn Sie Interesse an der Begegnung und an Erfahrungen mit sich selbst haben.

Verhalten bewusst wahrnehmen

Wenn wir neu in einer Gruppe sind, dominieren die Quadranten B und C. Wir möchten kaum etwas von uns preisgeben. Fremde Menschen und Gruppen empfinden wir oftmals als eine Art Bedrohung. Das können wir nur abbauen, wenn wir unsere Stärken und Schwächen kennenlernen. Und wenn wir lernen, nicht nur über uns selbst zu sprechen, sondern uns auch bemühen, die Meinung oder die Sichtweise der anderen über uns zu erfahren.

Die Quadranten B und C können durch Feedback bewusster gemacht werden. In der Reflexion durch andere ist es möglich, die eigenen Verhaltensweisen bewusst wahrzunehmen und damit den Quadranten A zu vergrößern. Das Fremdbild nähert sich dem Selbstbild an, Sie werden authentischer.

Das Ziel ist, Quadrant A zu vergrößern! Das bedeutet, sich selbst besser kennenzulernen, um die eigenen Bedürfnisse und Interessen klar und eindeutig offenzulegen und zu formulieren. Für den anderen berechenbar zu werden – Informationen über sich preiszugeben und damit anderen Vertrauen entgegenzubringen. Indem Sie sich öffnen, signalisieren Sie anderen Menschen gegenüber eine hohe Wertschätzung. Der Erfolg für Sie selbst: Sie treten selbstbewusst und authentisch auf.

Ziel: Quadrant A vergrößern!

- Sich selbst und die eigenen Bedürfnisse besser kennenlernen
- Informationen über sich preisgeben und über sich einholen
- Authentisch sein
- Grenzen setzen

	r Fleck
	on mir ken-
	en diesen
	vusstes
	diesen Teil
„mir bekannt – anderen jedoch nicht."	„von mir nicht." „Auch andere kennen diesen Teil von mir nicht."

Grenzen setzen und aufzeigen

Informationen über sich preiszugeben und sich anderen gegenüber zu öffnen, erleichtert den Umgang miteinander. Dadurch schenkt man anderen Menschen Vertrauen oder baut mit einem Vertrauensvorschuss wertvolle Beziehungen auf. Es bedeutet jedoch auch, anderen frühzeitig mitzuteilen, wann die eigenen Grenzen erreicht sind, also beispielsweise andere darauf hinzuweisen, wenn sie durch ihre Verhaltensweisen bestimmte Gefühle auslösen oder vielleicht sogar verletzen. Dazu muss man in der Lage sein, das zunächst bei sich selbst zu erkennen und es dann zu formulieren und auszusprechen.

Selbst- und Fremdbild einander näherzubringen oder sogar anzugleichen setzt die Bereitschaft voraus, an sich zu arbeiten, Feedback über sich einzuholen und sich anderen Menschen zu öffnen. Das beinhaltet ebenso, anderen gegenüber Grenzen zu setzen und zu zeigen: „Bis hierhin und nicht weiter!"

2.3 Von den eigenen Fähigkeiten überzeugt sein

Von den eigenen Fähigkeiten, Stärken und Kompetenzen überzeugt zu sein ist unumgänglich, um diese selbstbewusst und mit einem guten Selbstwertgefühl zu leben und bewusst einzusetzen. *„Ich kann das, ich habe die Fähigkeiten, diese oder jene Aufgabe kompetent zu erledigen"* – damit Sie das sagen können, ist es auch wichtig, dass Sie sich Ihrer Wirkung auf andere bewusst werden. Wie werden Sie von anderen mit Ihren Fähigkeiten, Talenten und Stärken wahrgenommen? Zeigen Sie anderen Menschen wirklich, was in Ihnen steckt?

Wie Sie mehr über sich erfahren können

Wenn ich die Teilnehmenden meiner Seminare auffordere, sich gegenseitig Feedback zu geben, erlebe ich häufig, dass sich das Feedbackgeben in allgemeinen Aussagen erschöpft. Wenn ein gegenseitiges Feedback über Fähigkeiten, Kompetenzen und Eigenschaften gegeben werden soll, wird beispielsweise wiederholt so geantwortet: *„Ich finde dich nett, sympathisch, freundlich, kompetent."* Mehr nicht! Wir sind es nicht gewohnt, anderen Menschen geradeheraus und detailliert deren besondere Eigenschaften und Fähigkeiten in einer Rückmeldung zu schildern. Manchmal liegt das auch daran, dass nicht genau genug beobachtet wird oder dass es als peinlich empfunden wird, anderen Personen sehr konkret ein Feedback zu geben. Man scheut sich davor, da man befürchtet, der anderen Person zu nahe zu treten oder sie zu verletzen.

Übung

Nehmen Sie ein Blatt Papier und notieren Sie spontan alle positiven Eigenschaften, Fähigkeiten und Kompetenzen, die Sie von sich kennen und die für Sie typisch sind. Denken Sie an Differenzierungen, seien Sie konkret!

Nun lautet Ihre Aufgabe: Gehen Sie auf Ihre Familienmitglieder, Freunde oder Kollegen zu und fragen Sie sie, welche Eigenschaften und Fähigkeiten diese an Ihnen schätzen. Fragen Sie auch hier nach Ihren positiven Seiten! Welche positiven Eigenschaften und Fähigkeiten werden Ihnen zugeordnet?

Haben Sie den Mut und tun Sie es! Sie werden überrascht sein, was an Ihnen gelobt und geschätzt wird! Vergleichen Sie, ob dies mit Ihrer eigenen Aufzählung übereinstimmt oder diese ergänzt.

Erhalten Sie allgemein formulierte Antworten, haken Sie nach:

- *„Was genau meinst du damit?"*
- *„Wie konkret sieht das aus, wenn ich … bin?"*
- *„Kannst du mir bitte noch genauer schildern, wie ich auf dich wirke?"*

Sollte jemand bei Ihrer Befragung einfach nur sagen *„Ich finde dich nett"*, bitten Sie denjenigen, das „nett" zu konkretisieren:

- Was genau, welche Eigenschaften und Verhaltensweisen findet die andere Person an Ihnen *nett*?
- Wie zeigt sich das, wenn Sie *nett* sind? Ist damit Ihre Ausstrahlung gemeint? Ein freundliches, zugewandtes Verhalten anderen Menschen gegenüber?
- Sind Sie großzügig, hilfsbereit, aufgeschlossen, einfühlsam, ehrlich, begeisterungsfähig, fröhlich, gefühlvoll, aktiv zuhörend, empfindsam, redegewandt, inspirierend, humorvoll, kreativ, fürsorglich, taktvoll, engagiert, optimistisch, aufmerksam oder …?
- Welche besonderen Fähigkeiten schreiben Ihnen die anderen zu? Mit welchen Stärken werden Sie von anderen wahrgenommen?
- Was sagt man Ihnen nach, was ausgesprochen typisch für Sie ist? Gibt es eine Verhaltensweise, bei der jeder sofort erkennt: „Das können nur Sie sein!"?

Schauen Sie sich alle Eigenschaften und Fähigkeiten, die Sie für sich gefunden haben, und die Antworten der anderen gründlich an: Welche Antworten decken sich? Zählen Sie diese auf!

Bitte beachten Sie bei dieser Übung, dass die Rückmeldungen anderer Menschen sich lediglich auf bestimmte Verhaltensweisen von Ihnen in bestimmten Situationen beziehen und nicht auf Sie als Persönlichkeit im Ganzen. Hören Sie genau hin und fragen Sie nach, wenn Ihnen am erhaltenen Feedback etwas unklar ist. Falls Sie Negatives zurückgemeldet bekommen, ist es Ihre Entscheidung, ob Sie dieses Verhalten beibehalten oder verändern möchten.

Ihre Stärken auf den Punkt gebracht!
Folgende Übung, welche ich sehr gerne in meinen Coachings und Seminaren einsetze, empfehle ich Ihnen als Ergänzung: Schreiben Sie Ihren Vornamen auf und erweitern Sie jeden Buchstaben um eine Eigenschaft, eine Stärke von Ihnen. Beispielsweise so

M utig
O rganisationstalent
N etzwerkerin
I deenreich
K ontaktfreudig
A ktiv

Und schon haben Sie eine Reihe Ihrer Stärken auf den Punkt gebracht!

Von seinen Fähigkeiten überzeugt zu sein bedeutet, auf seine Kompetenzen und Stärken zu bauen und seine positiven Eigenschaften anzunehmen.

Fragen Sie immer wieder andere Menschen in Ihrem Umfeld, wie diese Sie wahrnehmen. Entscheiden Sie jedoch selbst, was Sie verändern möchten und was nicht.

2.4 Selbstverantwortung übernehmen

Kennen Sie Menschen, die oft das Wörtchen „man" gebrauchen, wenn sie von sich selbst sprechen? Mit Aussagen und Äußerungen in der Man-Form werden Verantwortlichkeiten und Konsequenzen auf andere geschoben. Man-Aussagen sind allgemein und wirken missverständlich. Kein Wunder, dass diese Aussagen beim Gegenüber keine Wirkung erzielen.

Mit Sprache Verantwortung zeigen

Wenn Menschen in Man-Formulierungen reden, weist das häufig auf Unsicherheiten hin oder zeigt eine innere Distanz zum äußeren Verhalten auf. Diese Menschen vermeiden, Aussagen über sich selbst zu treffen, indem sie „ich" durch „man" ersetzen.

Beispiele: *„Man hat schlechte Erfahrungen mit ... gemacht",* statt: *„Ich habe schlechte Erfahrungen mit ... gemacht."* Oder: *„Man sollte mal wieder das Kopierpapier nachfüllen",* statt: *„Ich bitte Sie, das Kopierpapier nachzufüllen."*

Wohlgemerkt, es spricht nichts dagegen, sich mit „man" ganz bewusst zu äußern. Wenn Sie jedoch ständig Man-Formulierungen verwenden und das selbst nicht bemerken, können vermehrt Missverständnisse in Ihrer Kommunikation mit anderen Menschen auftreten. Das kann zur Folge haben, dass für Sie Schwierigkeiten in der Zusammenarbeit mit anderen entstehen, da Sie keine klaren Botschaften senden und mit Man-Formulierungen innerlich keine Verantwortung für das eigene Tun und Handeln übernehmen. Bitten Sie Freunde oder Kollegen, darauf zu achten und Ihnen eine Rückmeldung zu geben, ob Sie sich häufiger mit Man-Formulierungen ausdrücken. Fragen Sie bei Ihren Gesprächspartnern nach, wenn Sie das Gefühl haben, von anderen häufig missverstanden zu werden.

Verantwortung in die eigene Hand nehmen

Wer selbstverantwortlich handelt, sieht sich nicht als Opfer, beklagt sich nicht andauernd oder zählt Gründe auf, weshalb ihm etwas nicht gelingt. Im Gegenteil, derjenige fragt sich, was er selbst im Rahmen seiner Möglichkeiten tun kann, um eine Situation zu seinen Gunsten zu beeinflussen oder zu ändern. Ein solcher Mensch sucht nicht bei anderen nach der Schuld, sondern denkt über seine Möglichkeiten nach, Situationen mit seinem Wirken anzugehen und zu verändern. Er braucht keine Ausreden oder Erklärungen zu erfinden, wenn etwas misslingt, sondern er steht dazu und übernimmt Verantwortung für sein Tun und Handeln.

Ein Mensch mit Selbstverantwortung handelt eher, als dass er sich beklagt. Im Umkehrschluss trifft leider auf zahlreiche Menschen der Spruch zu: „Leiden und Jammern sind leichter als Handeln." Menschen mit Selbstverantwortung kennen sich, kennen ihre Stärken und Schwächen sowie auch ihre Grenzen. Sie leben als eine „sich ihrer selbst bewusste Persönlichkeit", sie sind an ihrer Weiterentwicklung interessiert und arbeiten daran.

Eine starke Persönlichkeit basiert auf dem Vertrauen in die eigenen Stärken und das eigene Können:

30

- **Wenn Sie bedeutende Werte für sich erkennen und Ihr Leben mit diesen in Einklang bringen, verschafft Ihnen das Zufriedenheit und bringt Sie Ihren Zielen näher.**
- **Selbsterkenntnis erhalten Sie, indem Sie Ihre Lernmöglichkeiten im Bereich Ihres blinden Flecks nutzen und Ihr Unbewusstes erkunden.**
- **Vergleichen Sie Ihre Wahrnehmung von sich selbst mit der Wahrnehmung, die andere Menschen von Ihnen haben. Sie werden sich besser kennenlernen und durch diese Erkenntnis selbstbewusster auftreten können.**
- **Selbstverantwortliches Tun und Handeln ist eine Grundvoraussetzung für Selbstachtung, Selbstakzeptanz und das Vertrauen in sich selbst.**

30 MINUTEN

Was denken Sie von sich?

**Wie können Sie mehr
Selbstachtung entwickeln?**

Wie gehen Sie mit Kritik um?

3. Stärken stärken

Das Erkennen und Finden Ihrer Stärken allein reicht nicht aus. Der nächste Schritt ist, Ihre Stärken im täglichen Leben – sowohl beruflich als auch privat – auszubauen und zu festigen. Es geht darum, dass Sie sich Ihrer eigenen Stärken bedienen, diese verinnerlichen und darauf achten, wie Sie Ihre Stärken durch Ihre Gedanken beeinflussen und steuern: Der Begriff „Selbstbewusstsein" beinhaltet, „sich seiner selbst bewusst sein". Dazu gehört auch, sich selbst zu loben, sich selbst zu achten, ein selbstbewusster Umgang mit kritischen Äußerungen anderer Menschen sowie das Entfalten und Weiterentwickeln der eigenen Persönlichkeit.

3.1 Nützliche Gedanken

Unsere Befindlichkeiten im Beruf und im Privatleben hängen vornehmlich von unseren Gedanken ab. Diese bestimmen darüber, wie wir bestimmte Situationen wahrnehmen und welche Schlüsse wir daraus ziehen. Es sei denn, es liegt beispielsweise eine Erkrankung vor, die uns belastet und unsere Energie und Zufriedenheit negativ beeinflusst. Manches, das von außen auf uns einwirkt, können wir nicht steuern oder beeinflussen. Was wir allerdings tun können, ist, unsere Gedanken so zu lenken, dass sie uns helfen, mit schwierigen Situationen und Herausforderungen besser umzugehen. Wovor ich Sie jedoch bewahren möchte: sich pauschal auf positives Denken einzulassen und zu glauben, das allein würde alles verändern. Es ist komplexer.

Gedanken werden zu Worten und Taten

Unsere Gedanken führen einen ständigen inneren Dialog mit uns und sind die Basis für unsere gesprochenen Worte. Wenn Sie sich gedanklich selbst herabsetzen, werden Sie das sprachlich ausdrücken, und auch Ihr Leben wird sich in diese Richtung entwickeln und Ihnen nicht viel zu bieten haben. Wenn Sie sich selbst wertschätzen, wenn Sie sich selbst vertrauen, wenn Sie sich selbst mögen und wenn Sie wissen, auf welche Ressourcen Sie sich verlassen können, werden Sie ein zufriedeneres, erfolgreicheres und glücklicheres Leben führen. Das Leben – beruflich und privat – wird Ihnen einiges mehr bieten, wenn Ihr Denken für Sie eine Quelle positiver Kraft ist.

Der innere Dialog

Bei unserem innerlich geführten Dialog meldet sich häufig eine kritische Stimme zu Wort, die uns suggeriert, wir wären beispielsweise unfähig, eine bestimmte Arbeit auszuführen, eine Präsentation selbstbewusst und souverän vorzutragen oder uns angemessen zu verhalten – wir würden uns mit Sicherheit blamieren. Dem müssen wir eine Stimme entgegenstellen, die uns aufbaut, und Argumente finden, die uns „umpolen", uns auf nützliche Gedanken bringen. Das simpelste Beispiel, das dafür immer wieder herhalten muss, ist das vom halb leeren oder halb vollen Glas: Die Menge an Flüssigkeit im Glas ändert sich nicht, aber die Art, wie wir darüber denken, und die Worte oder Handlungen, die daraus resultieren. Und gerade Worte, die wir aufgrund unserer Gedanken aussprechen, blockieren oder fördern eine Handlung.

Reden Sie manchmal mit sich selbst? Selbstgespräche können positiv oder negativ sein. Die Worte müssen nicht einmal laut ausgesprochen werden, um auf uns eine Wirkung zu haben. Egal, ob wir Selbstgespräche laut oder nur innerlich in Gedanken mit uns führen, sie wirken sich immer auf unser Handeln aus – im Sinne einer inneren Arbeits- oder Handlungsanweisung. Beispielsweise ist es für Hochleistungssportler fast schon zwingend notwendig, sich vor einem Wettkampf mit lauten oder stummen Selbstgesprächen positiv zu motivieren, um die Kräfte zu mobilisieren und den Blick auf eine Stärkung und nicht auf eine Schwächung der Leistung zu lenken. Im Sport werden diese Vorgehensweisen seit vielen Jahren als mentales Training angewandt, welches mittlerweile auch im Businessbereich genutzt wird.

Übung

Erstellen Sie eine Tabelle, in der Sie Ihren wiederkehrenden negativen Gedanken Argumente gegenüberstellen, die nützliche Gedanken fördern. Das könnte zum Beispiel so aussehen:

Meine negativen Gedanken	Meine Argumente als nützliche Gedanken
Die Präsentation wird mir nicht gelingen.	*Wenn ich mich gut vorbereite und auf eventuelle Fragen einstelle, kann die Präsentation gut gelingen und ich kann das schaffen.*

Auf die Wortwahl kommt es an

Achten Sie auf Ihre Sprache und insbesondere darauf, ob Sie häufig „ich muss" oder „ich sollte" sagen. Sie machen sich nämlich selbst Druck, wenn Sie sagen: „Ich muss arbeiten gehen", oder: „Ich muss jetzt dies oder das tun." Besser wäre, wenn Sie stattdessen sagen: „Ich habe mich für diese Arbeit entschieden", oder: „Ich habe mich entschieden, das zu tun."

Die Aussage „Ich habe mich entschieden" verleiht Ihrem Leben eine ganz andere Perspektive. Sie befreien sich von einem selbst erzeugten Druck, denn – obwohl es manchmal anders scheinen mag – Sie haben sich selbst dazu entschieden, dieses oder jenes zu tun. Wie so vieles bedarf das Aussprechen des Satzes „Ich habe mich für ... entschieden" der Übung und gelingt nicht von heute auf morgen. Das Aussprechen wird jedoch Ihre innere Stimme beeinflussen und sie im Sinne dieses Satzes verändern. Wer laut mit sich selbst spricht, nimmt Gedanken direkter und intensiver wahr.

„Ich höre mich gerne reden. Es ist eines meiner größten Vergnügen." (Oscar Wilde) Selbstgespräche – ob laut oder leise geführt – haben großen Einfluss auf uns. Setzen Sie Gedanken und Selbstgespräche so ein, dass Sie damit auf Ihr Tun und Handeln positiv einwirken.

3.2 Sich seiner selbst bewusst sein

Wer sich seiner selbst bewusst ist, sich seiner selbst sicher ist, kennt seine starken und schwachen Seiten und hat keine Angst davor, wegen seines Verhaltens von anderen abgelehnt zu werden. Ein solcher Mensch trägt selbst die Verantwortung für sein Verhalten und kann deshalb souverän auftreten. Sich der eigenen Stärken und Schwächen bewusst zu sein und dazu zu stehen, sich nicht für Schwächen oder Fehler zu verurteilen, sondern diese anzunehmen, verleiht Menschen ein gutes Selbstwertgefühl und Selbstvertrauen – wichtige Bausteine für ein gesundes Selbstbewusstsein.

Was Selbstbewusstsein nicht bedeutet

Menschen, die durch ein maßloses und überhebliches Auftreten auffallen, übersehen häufig ihre Schwächen. Sie glauben, keine zu haben, dabei sind sie sich ihrer Schwächen bloß nicht bewusst. Sie wirken arrogant, kritisieren häufig andere, vertuschen Fehler oder schieben diese auf andere und meinen, nur sie selbst seien wichtig und erfolgreich. Derartiges Verhalten begründet kein „Sich-seiner-selbst-bewusst-Sein", sondern eine Selbstüberschätzung und ein Verhalten gegenüber den Mitmenschen, das keineswegs wertschätzend ist. Was vordergründig wie ein starkes Selbstbewusstsein wirkt, kann Ausdruck innerer Unsicherheit sein.

Was Selbstbewusstsein bedeutet

Wenn Sie sich Ihrer selbst bewusst sind, bedeutet das, dass Ihnen beispielsweise bewusst ist,

- was Sie können und was Sie nicht können,
- welche Stärken, Potenziale, Talente und Ressourcen Sie besitzen,
- wo Ihre Schwächen liegen,
- was Ihre Bedürfnisse und Wünsche sind,
- was Ihnen Zufriedenheit im Leben gibt,
- welche Lebensziele Sie anstreben.

Kurz gesagt: Sie kennen sich gut, und auch andere Menschen können Sie gut einschätzen, im Johari-Fenster ist Ihr Quadrant A also stark ausgeprägt (vgl. Kap. 2.2). Die Kluft zwischen Ihrem Idealbild („So möchte ich sein") und Ihrem Selbstbild („So bin ich") ist gering. Sie besitzen ein gutes Gefühl für Ihre eigene Identität, für Ihre Kompetenz und für Ihre Wertigkeit – so sind Sie für schwierige Zeiten und Herausforderungen gut gerüstet.

Selbstachtung

Mögen Sie sich selbst? Manche Menschen haben sehr viel an sich selbst auszusetzen. Sie kritisieren sich häufig selbst, sie können eigene Bedürfnisse nur schwer äußern, sie können sich selbst oder ihre Meinung nicht vertreten, haben Ängste, beachten ihre körperlichen Signale nicht, meiden Herausforderungen.

„So bin ich – und das ist gut so!" – sich selbst zu akzeptieren mit seinen Stärken und Schwächen, eine positive Grundhaltung zu sich selbst zu haben, erleichtert es, mit Schwierigkeiten im beruflichen und privaten Alltag umzugehen. Haben Sie diese Einstellung, dann wirft Sie nichts so schnell aus der Bahn, Sie trauen sich mehr zu, Sie bewältigen Hindernisse leichter und erkennen besser Chancen für Ihre persönliche Weiterentwicklung. Wer sich nicht selbst achten und wertschätzen kann, der kann auch andere Menschen nicht achten und wertschätzen. Für einen solchen Menschen ist das Leben extrem anstrengend und belastend.

Übung

Wie geben Sie sich selbst Wertschätzung und Zuwendung, das heißt, wie steht es um Ihre Selbstachtung? Um das zu erfahren, bewerten Sie bitte die nachstehende Aufzählung mit einer Punktzahl zwischen 0 und 6. 0 steht für „Darauf achte ich überhaupt nicht", 6 steht für „Das ist mir sehr wichtig, darauf achte ich sehr".

Wie sehr achten Sie darauf,
- Ihre Bedürfnisse wahrzunehmen? _____
- sich selbst zu verwöhnen? _____
- sich selbst wertzuschätzen? _____
- sich selbst zu lieben? _____
- sich selbst für Erfolge zu loben? _____
- es zu genießen, mit sich selbst alleine zu sein? _____
- sich von Energie-Vampiren zu trennen? _____
- Ihre Gesundheit zu fördern? _____
- Ihr Aussehen anzunehmen, sich als schön zu empfinden? _____
- Ihre eigenen Kompetenzen und Stärken wertzuschätzen? _____
- sich zu sagen: „Das bin ich mir wert"?, _____
- oder: „Das habe ich mir verdient"? _____

Haben Sie häufig nur wenige, gar nur 0 Punkte vergeben, sollten Sie noch an Ihrer Selbstachtung arbeiten. Tendieren Sie eher zur vollen Punktzahl, scheinen Sie mit sich selbst zufrieden zu sein und über genügend Selbstachtung zu verfügen. Doch auch bei der Selbstachtung sollte ein gesundes Mittelmaß das erstrebenswerte Ziel sein so. Wie so oft im Leben ist weder ein Zuviel noch ein Zuwenig erstrebenswert. Zu viel Selbstachtung – in Form von Selbstverliebtheit und zur Schau getragenem Stolz – kann andere abschrecken.

Auch erwachsene Menschen können mehr Selbstbewusstsein entwickeln. Sie können lernen, sich selbst zu mögen, sich zu achten und sich Anerkennung zu geben.

3.3 Mit Stärken Persönlichkeit entwickeln

„Das Wertvollste im Leben ist die Entfaltung der Persönlichkeit und ihrer schöpferischen Kräfte", wusste Albert Einstein. Seinen eigenen Stil finden, individuelle Verhaltensweisen entwickeln, vorhandene Fähigkeiten und Ressourcen stärken sowie sich neue Fertigkeiten und Kenntnisse aneignen – das alles können Bestandteile einer Persönlichkeitsentwicklung sein.

Positives reflektieren

Das eigene Denken, Tun und Verhalten selbstkritisch zu überprüfen, gepaart mit der Bereitschaft, daraus zu lernen und dazuzulernen, hat eine positive Wirkung, die ein Leben lang anhält. Wer sich dadurch weiterentwickelt in seiner Persönlichkeit, wird stärker, selbstbewusster, souveräner, lässt sich nicht mehr so leicht aus der Bahn werfen und erfährt, wie er bei Schwierigkeiten in sein inneres Gleichgewicht zurückfindet.

Übung

Tragen Sie Ihre Stärken, Ihre positiven Eigenschaften, Ihre Talente, Ihre Werte, welche Sie in den vorhergehenden Übungen in diesem Buch ermittelt haben, sowie die Tätigkeiten, die Ihnen Spaß machen, zusammen. Welchen Weg möchten Sie in Zukunft mit diesen Stärken und Ressourcen gehen? Was möchten Sie persönlich und beruflich für sich erreichen?

Die eigenen Stärken und Ressourcen für die Persönlichkeit weiterzuentwickeln bedeutet, sich detailliert auf die Erfolge in der Vergangenheit und auf die gelungenen Leistungen beruflich und privat zu besinnen. Sätze wie *„Ich bin toll! Ich bin stark"* reichen nicht aus. Für eine mentale Beeinflussung des Unterbewusstseins hilft es, auf den tatsächlich bestehenden Fähigkeiten und Eigenschaften aufzubauen.

Sich selbst loben

Halten Sie sich nicht unnötig lange mit Ihren Fehlern auf oder verzweifeln Sie nicht an Vorgängen, die misslungen sind. Ziel ist, sich und seine Verhaltensweisen zu reflektieren, Fehler zu korrigieren und sich trotzdem für Gelungenes zu loben. Üblicherweise sind wir so gestrickt, dass uns abends – und das möglichst auch noch beim Einschlafen – die Dinge einfallen, die tagsüber erfolglos waren oder uns missglückt sind. Gehen Sie stattdessen so vor: Vergegenwärtigen Sie sich abends, was an diesem Tag gelungen ist und wofür Sie sich loben können. Das müssen keine außerordentlich großartigen Situationen oder Begebenheiten sein – machen Sie sich die kleinen positiven Leistungen des Tages bewusst.

Beispiele:
- Sie haben einem Kollegen/einer Kollegin geholfen, einen Arbeitsvorgang schneller abzuschließen.
- Sie haben neben Ihrer eigentlichen Arbeit für alle Mitarbeiter eine Feier organisiert.
- Sie haben nach der Arbeit für Ihre Kinder oder Eltern noch eingekauft oder sie zu einem Termin begleitet.
- Sie haben nach Feierabend in Ihrem Verein ehrenamtlich gearbeitet.

Das sind Beispiele für Arbeiten oder Aufgaben, die Sie „so nebenbei" erledigen und an welche Sie sich allenfalls erinnern, wenn Sie bei einer Aufgabe scheitern. Vermutlich kritisieren Sie sich daraufhin sehr schnell. Im umgekehrten Fall, also wenn Sie alle Aufgaben zu Ihrer Zufriedenheit erledigt haben, loben Sie sich dann?

Loben Sie sich täglich!
Nehmen Sie sich jeden Abend wenigstens fünf Minuten Zeit, um sich selbst zu loben. Sie werden beruhigter einschlafen und sich mit der Zeit selbst mehr mögen. Sie werden sich Ihrer positiven Leistungen bewusster und folglich zufriedener werden.

30 Achten Sie täglich auf die Tätigkeiten und Aufgaben, die Ihnen gelungen sind. Loben Sie sich dafür! Wer seine Stärken lobt, entwickelt sich weiter und hat die Chance, seinem eigenen Glück und innerer Zufriedenheit näher zu kommen, selbstbewusster aufzutreten sowie beruflichen und privaten Erfolg zu erlangen.

3.4 Selbstbewusst mit Kritik umgehen

Sind Ihnen Ihre Fähigkeiten, Ressourcen und Stärken nicht bewusst oder sind Sie von diesen nicht überzeugt, dann fallen kritische Äußerungen anderer Menschen Ihnen gegenüber in Ihrem Innern auf fruchtbaren Boden und gedeihen. Sie fühlen sich leichter verletzt, werden verunsichert und verhalten sich dementsprechend, wohingegen sich Menschen mit einem gesunden Selbstwertgefühl durch negative Kritik nicht so leicht aus der Ruhe bringen lassen. Mit Kritik angemessen und souverän umgehen zu können, ist eine wichtige Fähigkeit für Ihre Zufriedenheit und Ihr Wohlbefinden sowie für Ihren Erfolg.

Bei Kritik aktiv zuhören

Versuchen Sie – auch wenn gerade das schwerfällt –, Kritik nie als persönlichen Angriff zu nehmen, sondern immer als Hilfestellung, um die eigene Leistung oder das eigene Verhalten zu verbessern. Und schauen Sie sich gut an, wer Sie kritisiert! Kritik ist immer die eigene Meinung, die eigene Sichtweise des Kritikers. Schon allein diese Sichtweise zu haben, ermöglicht es Ihnen, Kritik mit Abstand zu betrachten. Eine andere Person kann Ihr Verhalten durchaus anders empfinden als die Person, die Sie gerade kritisiert. Sie selbst entscheiden, ob Sie eine Kritik annehmen möchten beziehungsweise welche Bedeutung eine bestimmte Kritik für Sie hat.

Ein wesentlicher Punkt für den Umgang mit Kritik: Je weniger Sie sich selbst Fehler verzeihen können, je störender Sie etwas an sich selbst empfinden, umso empfänglicher sind Sie für kritische Bemerkungen aus Ihrem Umfeld. Kritik wirkt besonders dann verletzend, wenn Sie auf Fehler und Schwächen aufmerksam gemacht werden, die Sie an sich ablehnen und die Ihnen an sich selbst zuwider sind. Menschen mit wenig Selbstbewusstsein, die sich häufig selbst kritisieren, nehmen jede auch nur angedeutete Kritik auf, zweifeln dann umso stärker an sich und fühlen sich verletzt.

Vorgehen bei Kritik

Wenn Sie jedoch von Ihrem Tun und Handeln überzeugt sind, wenn Sie Ihre Stärken, Ressourcen und Fähigkeiten gut kennen und wenn Sie an sich glauben, dann wirft Sie eine kritische Äußerung nicht so schnell aus der Bahn, selbst dann nicht, wenn Sie persönlich angegriffen werden.

Gehen Sie so vor, wenn Sie kritisiert werden:

- Hören Sie aktiv zu, wiederholen Sie mit eigenen Worten, was die kritisierende Person gesagt hat. „Habe ich dich/Sie richtig verstanden, dass ...?"
- Sofern sich der Kritiker in Verallgemeinerungen, beispielsweise mit Begriffen wie *„immer"*, *„ständig"* oder *„nie"*, äußert, fragen Sie nach, was er konkret meint.
- Verlangen Sie ein konkretes Beispiel für die an Ihnen kritisierten Verhaltensweisen.
- Nehmen Sie die Kritik zur Kenntnis, aber rechtfertigen Sie sich nicht. Das gibt dem Kritiker nur weitere Nahrung, um seine Kritik zu vertiefen.
- Ist die Kritik berechtigt, weil Sie einen Fehler begangen haben oder Sie im Unrecht sind, dann entschuldigen Sie sich und beseitigen den Fehler. Sofern Sie möchten, können Sie sich Gedanken zur Frage machen: *„Was kann ich daraus lernen?"*

Sich anzuhören, was man eventuell falsch gemacht hat beziehungsweise was man besser machen könnte, fällt meistens schwer. Sich selbst wertzuschätzen, sich selbst zu mögen, mit sich zufrieden zu sein und sich darauf zu besinnen, was man gut kann, das sind wichtige Voraussetzungen, um mit kritischen Äußerungen von anderen gut umgehen zu können und Kritik nicht persönlich zu nehmen. Wichtig ist, sich bewusst zu sein, dass sich der eigene Wert durch die empfangene Kritik nicht ändert, sich zu sagen: *„Trotz der Kritik an mir bin ich ein liebenswerter Mensch!"*

Persönlichkeit und Selbstbewusstsein ergänzen sich:

30

- *Geben Sie sich in Ihrem inneren Dialog selbst Anweisungen, was Sie tun sollen und wie Sie es tun sollen. Nutzen Sie positive Formulierungen, vermeiden Sie Verneinungssätze: Sagen Sie, was Sie tun möchten, und nicht, was Sie nicht tun möchten.*

- *Selbstbewusstsein zu besitzen bedeutet nicht, sich selbst zu überschätzen. Ein selbstbewusst auftretender Mensch kennt seine Stärken und seine Schwächen und trägt für diese die Verantwortung.*

- *Sich selbst zu loben gehört zu einem gesunden Selbstbewusstsein. Es ist effektiver, als auf das Lob anderer zu warten. Eigenlob stimmt!*

- *Persönlichkeiten, die sich ihrer selbst bewusst sind, sind unabhängig von Bemerkungen oder Urteilen von anderen. Sie akzeptieren sich so, wie sie sind, ohne ihr Selbstwertgefühl von den Rückmeldungen anderer abhängig zu machen.*

30 MINUTEN

4. Stärken zeigen

Stellen Sie sich selbst dar mit Ihren Stärken, machen Sie in eigener Sache für sich Werbung – das ist leichter gesagt als getan. Manchen Menschen gelingt das sehr leicht, anderen wiederum nicht. Manchmal müssen innere Widerstände überwunden werden und es ist eine intensive Beschäftigung mit sich selbst erforderlich, um zu einem schlüssigen Bild der eigenen Stärken zu kommen, welches auch nach außen hin promotet werden kann. Ihr Ziel sollte es sein, eigenverantwortlich andere auf die eigenen Leistungen aufmerksam zu machen und selbst dafür zu sorgen, dass andere von Ihrem Können und Ihren Stärken erfahren. Vor dem Zeigen der Stärken steht jedoch noch das Üben: In kleinen Schritten werden die eigenen Stärken in Handeln umgesetzt, das schließlich ohne bewusstes Zutun abläuft.

4.1 Übung macht den Meister

Um Verhaltensweisen zu verändern, ist es hilfreich, mit der Philosophie der kleinen Schritte zu arbeiten. Mit kleinen Kurskorrekturen, so oft wie möglich geübt, können Sie erfolgreich Ihre angestrebten Ziele erreichen. Das mag dem einen oder anderen zu langsam sein, dennoch geht es stetig vorwärts.

Etappenziele einbauen

Um ein neues Verhalten einzuüben oder um Stärken auszubauen, empfiehlt es sich, Schritt für Schritt vorzugehen – sich Etappenziele zu stecken. Wir Menschen neigen dazu, uns zu viel vorzunehmen, und sind dann enttäuscht, wenn nichts klappt und wir das Ziel nicht erreichen. Das beste Beispiel dafür sind die immer wieder an Neujahr gefassten Vorsätze, die häufig bereits in den Ansätzen ersticken. Es wird Ihnen leichter fallen, sich zunächst auf kleine Veränderungen zu konzentrieren und diese in Ihr Alltagsverhalten zu integrieren. Gelingt das, werden Sie sich darüber freuen und für Ihre weiteren Aktivitäten motiviert sein.

Ihr Ziel Etappe für Etappe zu erreichen, das gibt Ihnen Selbstvertrauen und Erfolgserlebnisse. Das Erreichen von Etappenzielen stimuliert das Belohnungssystem in unserem Gehirn, und Belohnung ist für uns wichtig – nicht Bestrafung! Unser Gehirn merkt sich Verhaltensweisen und macht sie zur Gewohnheit, wenn wir uns danach gut fühlen, wenn uns die Handlung zu einem Wohlbefinden und zur Zufriedenheit verhilft.

Üben, üben, üben

Sich ein neues Verhalten anzueignen, das ist wie das Erlernen eines Musikinstrumentes oder einer Sprache. Sie müssen es ausprobieren, üben, trainieren über Stunden, Tage, Wochen hinweg, bevor Sie es wirklich beherrschen, bevor das Können in Ihnen automatisiert ist und das Unterbewusstsein die Regie übernimmt. Zum Üben gehören auch Fehlversuche, an manchen Tagen müssen vielleicht Rückschläge in Kauf genommen werden. Das fällt Ihnen wahrscheinlich nicht leicht. Den Teilnehmenden meiner Seminare sage ich: *„Seien Sie nicht so streng mit sich, wenn es nicht gleich beim ersten Versuch klappt."* Ob Ihnen Ihre Vorhaben gelingen, hängt auch von Ihrer Tagesform ab – vielleicht haben Sie einfach einen schlechten Tag erwischt, um genau diese eine Verhaltensänderung zu üben. Beachten Sie und besinnen Sie sich in Ihrer Übungsphase darauf, was Ihnen gelungen ist – nicht darauf, was schiefging. Selbstverständlich sollten Sie reflektieren und hinterfragen, was Sie beim nächsten Versuch besser machen können. Verfallen Sie jedoch nicht in Selbstzweifel und Selbstkritik, geben Sie sich eine zweite oder sogar eine dritte Chance. Rom wurde auch nicht an einem Tag erbaut! Beschäftigen Sie sich nach einem missglückten Veränderungsversuch mit einer positiven Aufgabe, die Sie motiviert und die Ihnen Freude bereitet. Was sich vielleicht über Jahrzehnte in Ihrem Verhalten eingeschlichen hat, was Sie über Jahrzehnte geprägt hat, das benötigt auch eine gewisse Zeit, um es zu verändern. Geben Sie sich diese Zeit. Falls Sie Ihr Veränderungsziel doch schneller erreichen, umso besser!

Übung

Sind Sie an einem Tiefpunkt angelangt, tun Sie zuerst etwas, was Ihnen Freude macht.

Was bereitet mir Freude, wobei habe ich Spaß?

_____

_____

_____

Schreiben Sie danach für sich Folgendes auf:

Meine positiven Leistungen bis heute sind ...

_____

_____

_____

Diese Übung dient dazu, Ihre negativen Gedanken auf Positives umzulenken. Eine Rückschau macht Ihnen deutlich, was Sie mit Ihren Fähigkeiten bisher erreicht haben und welche Erfolge Sie bereits hatten. Ziel ist es auch, zu lernen, dass Sie Ihren eigenen Kompetenzen vertrauen können, um damit schwierige Aufgaben und Situationen durch eigenes Können zu meistern.

Das Selbstwertgefühl ist wie ein Muskel – durch gezieltes Training und Üben lässt er sich stärken! Also dranbleiben!

30

4.2 Mut zu klaren Worten

Der Mut, sich klar auszudrücken und sich somit eindeutig zu äußern, erschöpft sich nicht nur im Kritisieren oder darin, anderen Menschen Feedback zu geben. Damit Sie die eigenen Stärken leben und sich behaupten können, sollten Sie auch in der Lage sein, eindeutig kundzutun, was Sie möchten, was Sie brauchen, was für Sie wichtig ist, was Ihre Bedürfnisse sind oder was die anderen für Sie tun sollen. Das zu sagen, fällt vielen Menschen schwer, weil sie befürchten, eventuell mit negativen Konsequenzen ihrer Eindeutigkeit konfrontiert zu werden.

Selbstreflexion
Eine gute Kommunikation lebt von klaren An- und Aussagen. Denken Sie daran: Bei allem, was unausgesprochen bleibt, was Sie nicht sagen, müssen Sie mit Missverständnissen rechnen. Reflektieren Sie, wie deutlich, wie klar Sie sagen, was Sie möchten.

Übung
Schätzen Sie auf der Skala von 1 bis 10 ein, wie klar Sie sich äußern.

1 = Nicht sehr deutlich, eher unklar.

10 = *„Ich sage klar und eindeutig, was ich meine und was ich möchte."*

Zeichnen Sie ein Kreuzchen an dem Punkt auf der Linie, an dem Sie sich platzieren:

1 _____ **10**
(eher unklar)   (sehr klar)

Fragen Sie nun jemanden aus Ihrem beruflichen Umfeld oder aus Ihrem Freundeskreis, wie klar und eindeutig Ihre Botschaften, Ihre Aussagen bei anderen ankommen. Bitten Sie diese Personen, Sie ebenfalls auf einer Skala von 1 bis 10 einzuschätzen.

1 = Nicht sehr deutlich, eher unklar.

10 = Sie senden klare und eindeutige Botschaften, bei anderen kommt eindeutig an, was Sie meinen und was Sie möchten.

Zeichnen Sie ein Kreuzchen an dem Punkt auf der Linie, der der Einstufung Ihres Feedbackgebers entspricht.

1 _____ 10
(eher unklar)   (sehr klar)

Deckt sich Ihre eigene Einschätzung mit dem Feedback der anderen Person? Oder liegen diese weit auseinander?

Wünsche und Bedürfnisse kennen

Sie können Ihre eigenen Bedürfnisse oder Wünsche anderen nur dann mitteilen, wenn Sie diese selbst kennen. Häufig sind Ihnen diese nicht bewusst und können infolgedessen auch nicht ausgesprochen werden. Oder innere Widerstände hindern Sie daran, offen zu sagen, was Sie von anderen möchten oder erwarten. Manchen Menschen ist das sogar peinlich. Von einer starken Persönlichkeit wird jedoch erwartet, dass sie sich klar und eindeutig ausdrückt und den Mut hat, eigene Standpunkte zu formulieren, auch wenn diese nicht mehrheitsfähig sind.

Gründe für Zurückhaltung können sein: Angst vor Ablehnung, zu viel Rücksichtnahme auf andere, mangelndes Selbstvertrauen, schlechte Erfahrungen oder Schwierigkeiten, sich selbst und die eigenen Wünsche und Bedürfnisse zu spüren und ernst zu nehmen.

Sagen, was Sie möchten

Besonders im beruflichen Alltag wird erwartet, dass Sie Gesprächspartnern sagen, was Sie möchten und was notwendig ist. Nur dann können Sie es auch bekommen. In den seltensten Fällen können andere Gedanken lesen. Es liegt an Ihnen, zu sagen, was Sie erwarten und worum Sie bitten.

Formulieren Sie Ihre Wünsche in einer Bitte, stellen Sie keine Forderungen. Forderungen vergiften in Gesprächen das Miteinander und gehören nur in entsprechende Verhandlungen, beispielsweise Vertragsverhandlungen. Eine Bitte lässt dem anderen die Freiheit, diese nicht abzulehnen und gerne zu erfüllen. So machen Sie es Ihrem Gegenüber leichter, Ihnen entgegenzukommen.

Übung

Denken Sie an ein wichtiges Gespräch, das Sie in letzter Zeit geführt haben. Welche Wünsche hatten Sie? Haben Sie diese gegenüber Ihrem Gesprächspartner oder Ihrer Gesprächspartnerin geäußert? Formulieren Sie in der Übung nachträglich Ihre Wünsche für dieses Gespräch und konkretisieren Sie diese Wünsche!

Ich wünsche mir von dir/Ihnen ...
Ich bitte dich/Sie ...

_____

_____

_____

_____

_____

Achten Sie darauf, dass Sie sagen, was Sie möchten, und nicht das sagen, was Sie nicht möchten:

Beispiele:
Anstatt *„Ich bitte Sie, nicht mehr zu spät zu kommen!",*
besser: *„Ich bitte Sie, zu unseren vereinbarten Terminen pünktlich zu kommen!"*

> Anstatt: *„Du hast nie Zeit, an meiner Geburtstagsfeier teilzunehmen!"*,
> besser: *„Ich wünsche mir, dass du dieses Jahr bei meiner Geburtstagsfeier dabei bist. Bitte nimm dir Zeit."*

Eine verständliche, eindeutige Botschaft beinhaltet, dass die eigenen Wünsche, Bedürfnisse, Interessen und Erwartungen ausgesprochen werden.

4.3 Sich selbst präsentieren

Zum Thema Selbst-Public-Relations (Selbst-PR) sind zahlreiche Publikationen veröffentlicht worden – Bücher unterschiedlicher Autoren und jede Menge Tipps auf diversen Internetplattformen. Sich selbst zu präsentieren bedeutet ganz einfach, Marketing in eigener Sache zu betreiben: durch Ihre Initiative andere auf Ihre Stärken, Ihre Leistungen und Ihre Fähigkeiten aufmerksam zu machen. Wie Sie von anderen wahrgenommen werden möchten, das liegt in Ihrer Hand. Sie können das lernen.

Selbst-PR im beruflichen Alltag

Im Beruf zeigen sich Ihre Fähigkeiten und Kompetenzen zwar in Ihrem Arbeitsergebnis, aber das kann noch so gut sein, denken Sie trotzdem bitte nicht, dass Ihr Können automatisch von den Vorgesetzten entdeckt wird – Sie müssen selbst auf sich aufmerksam machen und sich als Person hinter Ihrer Leistung offensiv präsentieren: sich selbst gut verkaufen. Sie sollten in der Lage sein, sich zusätzlich zu Ihrer Leistung auch als individuelle, authentische Persönlichkeit darzustellen. Falsche Bescheidenheit kann sich als Karrierekiller auswirken. In der heutigen Arbeitswelt wird davon ausgegangen, dass sich Mitarbeiter mit ihren Leistungen selbst gut präsentieren können. Nicht nur das Was, auch das Wie ist entscheidend für das berufliche Weiterkommen. Authentisches und überzeugendes Auftreten ist zu einer wichtigen Schlüsselkompetenz im Arbeitsleben geworden.

Übung

Um besonders im Arbeitsleben Ihre Leistungen und Fähigkeiten zu präsentieren, sollten Sie sich gründlich vorbereiten.

Auf was sind Sie stolz?

Notieren Sie Ihre Tätigkeiten, Projektarbeiten, Zusatzaufgaben oder andere Arbeiten, die Sie in den letzten Jahren erledigt haben:

_____

_____

_____

Welche Fach- oder Sozialkompetenzen stellen Sie dem Unternehmen zur Verfügung?

_____

_____

_____

Welche zusätzlichen Qualifikationen haben Sie in den letzten Jahren erworben?

_____

_____

_____

Welche besonderen Projektabschlüsse, Quartalsergebnisse oder ähnliche Arbeiten sind erwähnenswert? Welche bedeutenden Kunden konnten Sie gewinnen und halten?

_____

_____

_____

Wie gut sind Ihnen diese Aufgaben gelungen? Auf was genau sind Sie stolz?

_____

_____

_____

Erfolge festhalten

Gehören Sie zu den Menschen, denen es schwerfällt, ihre Leistungen adäquat zu bewerten und zu vertreten?

Sehen Sie Ihre Leistung und Ihre Erfolge als völlig „normal" an? Dann empfehle ich Ihnen, sich Ihrer positiven beruflichen Leistungen bewusster zu werden und diese am besten regelmäßig und dauerhaft zu dokumentieren. Wir Menschen neigen nämlich dazu, unsere Erfolge schneller zu vergessen als unsere Misserfolge.

Halten Sie deshalb jede Woche einmal schriftlich fest,

- welche Erfolge Sie in den letzten Tagen hatten,
- welche Kompetenzen Sie dabei eingesetzt haben,
- welche Eigenschaften Ihnen dabei von Nutzen waren und
- auf welche Arbeitsergebnisse Sie stolz sein können.

Sammeln Sie Ihre Erfolge!
Ein Tipp dazu aus meinen Coachings und Seminaren: Legen Sie sich einen Erfolgsordner, eine Erfolgsmappe oder auch ein Erfolgsfotobuch an, worin Sie fortlaufend Erfolge und positive Leistungen als Bericht oder mit einem Foto des Ereignisses dokumentieren.

Wer heiße Luft verkauft, wird auffliegen

Gelungene Selbst-PR, das Präsentieren der eigenen Fähigkeiten und Kompetenzen liegt zwischen zwei Extremen: Das eine Extrem ist übertriebene Selbstdarstellung – falsche Bescheidenheit das andere. Finden Sie Ihren eigenen Mittelweg heraus. Eine gesunde Selbstdarstellung nützt Ihrer Karriere. Auch hier gilt: üben, üben, üben. Buchen Sie ein Coaching, wenn es Ihnen schwerfällt, alleine Ihre Fähigkeiten, Stärken und Kompetenzen für das berufliche Leben aufzuarbeiten und Ihre Selbstdarstellung zu trainieren.

Machen Sie selbst auf Ihre Leistungen aufmerksam, bringen Sie sich selbst ins Gespräch. Warten Sie nicht darauf, dass Sie zufällig entdeckt werden.

4.4 Klappern gehört zum Handwerk

Mit den lauten Geräuschen einer Klapper haben im Mittelalter Handwerker auf den Märkten auf ihre Waren aufmerksam gemacht. Keine Angst – Sie sollen nicht so laut klappern, dass Sie ins Extrem der überhöhten Selbstdarstellung rutschen. Der Spruch „Klappern gehört zum Handwerk" meint: Selbst-PR, Werbung und Auffallen gehören zum Geschäft ebenso wie das Wissen darüber, wie Sie auftreten und auch wo Sie hervortreten können. Nutzen Sie berufliche Netzwerke genauso wie gute Gelegenheiten, um Ihre Leistungen und Ihre Fähigkeiten herauszustreichen. Überlegen Sie sich: Wer muss Ihr Klappern hören?

Stärken sicht- und hörbar machen
Bringen Sie sich immer wieder mit Ihren Leistungen und Ihren Erfolgen ins Gespräch, zeigen Sie Ihrem Vorgesetzten in Gesprächen oder in Meetings, was Sie

selbst zu einem Projekterfolg oder zu einer bestimmten Aufgabe beigetragen haben. Sie sollten mit Ihren Kompetenzen bekannt werden und bekannt bleiben. Sie müssen selbst über Ihre erfolgreichen Leistungen reden, sonst werden Sie und Ihre Leistung vielleicht nicht beachtet. Sie müssen darüber reden, was Sie können. Möglicherweise müssen Sie das üben – es wird sich jedoch für Sie lohnen. Fünf Minuten Eigenpräsentation an der richtigen Stelle, beim richtigen Adressaten, tragen maßgeblich zum beruflichen Erfolg bei.

Beispiel:
Bringen Sie einen Arbeits- oder Projektauftrag, den Sie erledigt haben, Ihren Vorgesetzten persönlich vorbei. Erwähnen Sie bei der Übergabe zum Beispiel:
„Ich habe dafür ... recherchiert."
„Mir ist ... gelungen."
„Ich habe ... dafür getan."
„Das war eine schwierige Herausforderung, aber ich habe das gut hinbekommen."

Übergeben Sie Ihre Arbeits- oder Projektergebnisse nicht zwischen Tür und Angel, nehmen Sie sich selbst Zeit dafür und, falls möglich, fordern Sie auch eine gewisse Zeit des Vorgesetzten dafür ein. Warum nicht mal einen Termin vereinbaren, um Vorgesetzten das Arbeitsergebnis persönlich zu überreichen und es nicht einfach so auf den Tisch zu legen? Ihre Arbeit ist es doch wert, beachtet und geschätzt zu werden!
Wie immer gilt: Reden Sie nur über die Dinge positiv,

die wirklich gut gelaufen sind – werden Sie kein Schaumschläger. Kommunizieren Sie Ihre Fähigkeiten, Ihre Ideen, Ihre Erfolge, um bei den richtigen, wichtigen Leuten aufzufallen. Sie können selbstbewusst gegenüber Führungskräften und Vorgesetzten erwähnen, was Ihnen besonders gut gelungen ist. Melden Sie sich für Aufgaben, für die Ihr inneres Feuer brennt, und sagen Sie dazu beispielsweise: *„Das mache ich doch gerne, das liegt mir!"* Erfolg ist kein Zufall: Wer nachts vom Erfolg träumt, muss tagsüber hart arbeiten!

Über Erfolge reden – nicht prahlen

Eine Teilnehmerin in meinem Seminar berichtete von einer Kollegin, die während einer erfolgreich verlaufenden Tätigkeit laut vor sich hinreden würde: *„Wow, das habe ich jetzt gut gemacht"*, oder: *„Super, ich freue mich, das lief prima!"* Sie wäre meistens gut drauf und selbstbewusst.

Die Teilnehmerin beneidete diese Kollegin, denn sie wiederum neigte eher dazu, sich selbst zu kritisieren und mit sich selbst zu schimpfen, wenn etwas schiefging.

Ein Selbstlob, wie es sich diese Kollegin meiner Seminarteilnehmerin gibt, hat nicht nur die Wirkung, die eigene Laune zu bessern und die eigenen Fähigkeiten schätzen zu lernen, sondern die anderen im Büro hören dadurch auch, dass man gut ist und dass wieder mal eine Arbeit gut gelungen ist. Selbstverständlich darf man nicht prahlen oder beim Eigenlob zu dick auftragen – das schreckt andere ab und schadet mehr, als es nützt.

Wozu Networking sinnvoll sein kann

Netzwerken und Beziehungen knüpfen sind Kompeten-zen, die für den beruflichen Erfolg notwendig sind. Netzwerken heißt Geben und Bekommen. Beziehungen brauchen ungefähr zwei Jahre, bis sie erntefähig sind. Überlegen Sie, wie Sie dem Netzwerk nützlich sein kön-nen und was Sie aktiv einbringen können: mitarbeiten, einen Vortrag halten oder Beiträge für Online-Plattfor-men oder Magazine schreiben? Das dient nicht nur dem Netzwerk, sondern auch Ihrem Bekanntheitsgrad! Sie können in einem Netzwerk Ihre Fähigkeiten und Talen-te einbringen, Sie können sich ausprobieren und expe-rimentieren, wie Sie Ihre Stärken einsetzen können.

Trainieren Sie beim Plaudern auf Netzwerk-Treffen Ihre kommunikativen Fähigkeiten, vom Small Talk bis zum aktiven Zuhören, und üben Sie, über Ihre Stärken zu reden. Probieren Sie aus, welches Netzwerk für Sie am effektivsten ist und zu Ihnen passt.

Zeigen Sie, was Sie können, und reden Sie darüber:

30

- *Um Ihr Ziel – beispielsweise eine Verhaltensänderung – zu erreichen oder Ihre Stärken zu stärken, empfiehlt es sich, Etappenziele einzubauen.*
- *Eine klare Botschaft zu formulieren heißt, eigene Wünsche und Bedürfnisse sowie eigene Interessen auszudrücken und eindeutig den eigenen Standpunkt zu vertreten.*
- *Selbst-PR gehört inzwischen zu den Schlüsselkompetenzen im Berufsleben. Es wird erwartet, dass Sie Ihre Leistungen entsprechend präsentieren können.*
- *Machen Sie auf sich aufmerksam, reden Sie über Ihr Können – vermeiden Sie jedoch Prahlerei.*

30 MINUTEN

5. Schwächen annehmen

Das Stärken stärken findet eine Begrenzung darin, Schwächen nicht so sehr zu vernachlässigen, dass grundlegende Dinge im Leben nicht mehr verrichtet werden können. Wenn Sie Ihre schwachen Seiten ganz außer Acht lassen, verkümmern diese. Denken Sie trotz aller Konzentration auf Ihre Stärken auch daran, Ihre schwachen Seiten zu akzeptieren und zu integrieren. Erst dann kann ein gesundes Management Ihrer Schwächen erfolgen. Eine starke Persönlichkeit kann damit umgehen, dass sie nicht alles kann, genauso wie ihr bewusst ist, dass das Annehmen der Schwächen ein Zeichen von Reife und des „Sich-seiner-selbst-bewusst-Seins" ist.

5.1 Schwächen managen

Obwohl ich Ihnen in den vorangegangenen Kapiteln ausdrücklich empfohlen habe, an Ihren Stärken zu arbeiten, kommen Sie nicht umhin, sich Ihre Schwächen einzugestehen und sich darauf einzustellen. Schwächen bewusst anzunehmen, diese in das Leben und das Bewusstsein zu integrieren, ist eine entscheidende Grundlage für einen guten Umgang mit sich selbst und für ein entspanntes und glückliches Leben.

Stärken bewahren – Schwächen überwinden
Entscheiden Sie sich bewusst, welche Schwächen Sie ignorieren möchten, an welchen Schwächen Sie arbeiten wollen und in welchen Bereichen Sie ein Mindestmaß an Fähigkeiten für Ihr Leben benötigen.
Kein Mensch hat nur Stärken, niemand ist perfekt. Wohl wissend, dass Schwächen zugeben Überwindung und Kraft kostet, ist es ein Zeichen für Reife und Stärke. Als verantwortungsbewusste Persönlichkeit weiß man, was man gut kann und was man nicht gut kann. Verfallen Sie nicht aufgrund einer Schwäche in Selbstabwertungen oder Minderwertigkeitsgefühle, indem Sie zu sich sagen: *„Das kann ich sowieso nicht, andere sind sowieso besser als ich."* Diese negativen Suggestionen dürfen Sie nicht zulassen, überlegen Sie sich anstelle dessen, was Ihnen guttut.
Gönnen Sie sich kein Selbstmitleid. Schlüpfen Sie nicht in eine Opferrolle nach dem Motto: *„Das ist eben so, ich*

war schon immer so, es geht eben nicht anders, ich bin einfach schlecht darin." Haben Sie keine Angst davor, eine Schwäche anzunehmen, und leugnen Sie diese nicht. Sie können erst damit umgehen, wenn Ihnen bewusst ist, dass es eine Schwäche ist.

Mit Schwächen im Beruf klug umgehen

Besonders im Berufsleben sollten Sie über Ihre Schwächen Bescheid wissen. Liegt es Ihnen beispielsweise überhaupt nicht, vor Publikum zu reden, sollten Sie sich keinen Arbeitsplatz suchen, bei dem Sie in der Öffentlichkeit auftreten oder häufig Vorträge halten müssen. Möglicherweise ist eine Arbeit im administrativen Bereich für Sie geeigneter. Wenn Sie nicht gerne die Initiative ergreifen, ist für Sie ein Arbeitsplatz vorteilhafter, an dem Sie nach Anweisung arbeiten müssen und die Arbeitsvorgänge einen geregelten Ablauf haben. Im umgekehrten Fall, wenn Sie gerne selbstständig und eigenverantwortlich arbeiten, sollten Sie sich eine Arbeit suchen, bei der Ihr Potenzial der Eigeninitiative und Entscheidungsfreude eingesetzt werden kann. Falls Sie Schwächen deutlich erkennen, denken Sie daran: Es ist nie zu spät, neue Erkenntnisse zu erlangen und neue Wege einzuschlagen.

Konzentration auf die Absicht

Als ich vor vielen Jahren an einem Snowboardkurs teilnahm, standen in der Mitte der Abfahrtspiste die Liftmasten. Anstatt mich auf die breite Piste daneben zu konzentrieren, sagte ich mir in Gedanken: *„Du darfst nicht gegen den Mast fahren, nicht gegen den Mast ..."*, was dazu führte, das ich genau auf den Mast zufuhr und mich zur Rettung kurz davor in den Schnee plumpsen ließ. Konzentriert man sich auf die Schwäche, auf das, was man nicht will, steuert man direkt darauf zu. Bekämpfen Sie eine Schwäche, tritt diese umso stärker hervor.

Genau das, was wir vermeiden wollen, tritt umso mehr ein, je intensiver wir versuchen, es zu unterdrücken. Deshalb sollten Sie Folgendes beachten:

- Konzentrieren Sie sich darauf, was Sie erreichen möchten, und nicht darauf, was Sie vermeiden möchten.
- Legen Sie Ihren Fokus auf Ihre Stärken.
- Arbeiten Sie so weit an Ihren Schwächen, dass Sie damit umgehen können.
- Achten Sie darauf, dass eine Schwäche keine Stärke behindert oder lähmt.
- Bauen Sie einen schwachen Bereich, der Ihre Stärken einschränkt, so weit aus, dass Sie ihn relativ gut beherrschen.
- Erkennen Sie, ab welchem Punkt Ihre Stärken nicht mehr gestärkt werden können. Bremsen Sie sich, wenn Sie zu uferlosem Perfektionismus neigen!

Manche Ihrer Schwächen dürfen Sie ignorieren, aber nicht alle Ihre Schwächen dürfen Sie völlig vernachlässigen, da Sie sonst möglicherweise grundlegende Dinge im Arbeitsalltag, in der Gesellschaft oder in Ihrem Leben nicht mehr bewältigen können.

Beispiele: Sollten Sie unmusikalisch sein und kein Instrument spielen können, können Sie damit möglicherweise gut leben, ohne an Ihrer Schwäche arbeiten zu müssen. Liegt Ihre Schwäche jedoch in der Mathematik, sollten Sie trotzdem zumindest die Grundrechenarten beherrschen und diese auch immer wieder üben. Sie müssen gegebenenfalls diesen schwachen Bereich bedienen, sonst verkümmert er völlig und Sie können nicht mal mehr eins und eins zusammenzählen. Genauso sollten Sie über ein Mindestmaß an kommunikativen Fähigkeiten verfügen, um Small Talk oder berufliche und private Gespräche führen zu können. Was Sie nicht nutzen, stirbt ab!

Bauen Sie Ihre Stärken aus und beachten Sie Ihre Schwächen insoweit, als diese Ihre Stärken lähmen oder behindern. Versuchen Sie, schwache Bereiche durchschnittlich gut zu beherrschen.

30

5.2 Mit Selbstakzeptanz leben

Wer sich selbst mit seinen Schwächen, mit all seinen Ecken und Kanten gut akzeptieren kann, kann auch andere besser akzeptieren und respektieren. Ein solcher Mensch verhält sich empathischer, kreativer und lösungsorientierter im Umgang mit seinen Mitmenschen und Alltagsproblemen als jemand, dem es an Selbstakzeptanz fehlt. Wer seine Schwächen nicht annimmt und nicht in seine Persönlichkeit integriert, läuft gegebenenfalls Zielen hinterher, die nicht erreichbar sind. Versuchen Sie daher, zu Schwächen oder unliebsamen Verhaltensweisen, die Sie nicht ändern können, eine tolerante Einstellung zu entwickeln.

Das Leben verändert sich ständig

Schwächen nicht anzunehmen, sich selbst nicht zu akzeptieren und sich selbst nicht zu mögen kann zu dauerhaften inneren Konflikten führen, an denen man sich aufreibt. Frust und Unzufriedenheit sind das Ergebnis. Weiterentwicklung sowie inneres und äußeres Wachstum sind nur möglich, wenn Sie sich selbst bejahen und zu sich stehen. In Ihrem Leben wird es ständig Veränderungen geben, auf die Sie sich einstellen müssen, und Sie werden immer wieder mit neuen Situationen konfrontiert werden. Nur wenn Sie sich selbst annehmen, werden Sie mit den sich ständig verändernden Lebensbedingungen klarkommen und diese gut managen können.

Die Vergangenheit respektieren

Nicht alles im Leben ist erreichbar, nicht alles ist veränderbar. Sofern Sie Selbstzweifel über das hinter Ihnen liegende Leben plagen oder Sie sich fragen, ob Ihr Leben bis heute erfolgreich verlief, versuchen Sie, Vergangenes zu akzeptieren, auch wenn manches nicht so glückte, wie Sie es im Nachhinein gerne gehabt hätten. Um zufrieden und als souveräne, starke Persönlichkeit leben zu können, ist es sinnvoll, sich einzugestehen, dass das bisherige Leben das einzige Ihnen mögliche war. Der Versuch, sich mit der eigenen Vergangenheit auszusöhnen, lohnt sich. Eine solche Einstellung verschafft Ihnen für die Zukunft Freiräume, Ihren weiteren Lebensweg mit Offenheit, Zufriedenheit und Vertrauen in sich zu bestreiten und selbstbewusst Ihre Stärken auszuschöpfen. Halten Sie es mit Mark Twain, der sagte: *„Lerne, dich selbst zu akzeptieren. Die schlimmste Einsamkeit besteht darin, sich selbst nicht leiden zu können."*

Sich selbst wertschätzen

Wie sehr bringen Sie sich selbst Wertschätzung entgegen? Wie sehr schätzen Sie Ihre eigenen Kompetenzen und Stärken? Menschen mit einem guten Gefühl für ihren Selbstwert, einer Wertschätzung sich selbst gegenüber, sind besser in der Lage, auch anderen Menschen Wertschätzung zu zeigen, und sie erfahren auch häufiger Wertschätzung von anderen.

Stärken Sie Ihre Selbstfürsorge, behalten Sie die Macht über sich, übernehmen Sie Verantwortung für sich und Ihr Leben. Wie Sie auf das reagieren, was Ihnen widerfährt, wie Sie damit umgehen, das haben Sie selbst in der Hand.

30

Sagen Sie „Ja" zu sich selbst:

- *Werden Schwächen unterdrückt oder bekämpft, treten sie umso mehr hervor. Besser ist es, sie anzunehmen und gut damit umzugehen.*
- *Selbstakzeptanz heißt, eine positive Grundeinstellung, eine positive, lebensbejahende Haltung zu sich und zu seiner Vergangenheit zu finden und sich selbst als wertvollen Menschen zu schätzen.*

Fast Reader

1. Stärken finden

*Die meisten Menschen verfügen über ein ausrei-
chendes Potenzial an Stärken, Fähigkeiten, Talenten, Begabungen – allerdings ist ihnen das häufig
nicht bewusst. Sie unterschätzen sich selbst, weil
sie nicht gelernt haben oder weil sie es nicht lernen durften, sich auf ihre Stärken zu besinnen.*
*Zu erkennen, wo und für was das innere Feuer
brennt, ist eine Herausforderung, um ein zufriedenes, glückliches Leben zu führen. Dazu gehört auch,
sich darüber bewusst zu werden, auf welcher Art
Motivation das eigene Handeln beruht: Handelt
man eher aus eigenem Antrieb heraus (intrinsische
Motivation) oder eher aufgrund von äußerlichem
Lob und Anerkennung (extrinsische Motivation)?*

**Für Menschen, die ihre Persönlichkeit mit ihren
Stärken stärken wollen, ist es wichtig, herauszufinden,**

30

- **welche Ressourcen sie besitzen,**
- **was ihre positiven Eigenschaften sind,**
- **wie sie innere und äußere Kraftquellen nutzen können**
- **und welche Talente und Begabungen in ihnen schlummern.**

2. Stärken vertrauen

Dass wir bestimmte Entscheidungen so und nicht anders treffen, liegt an den Werten, die wir vertreten und leben. Diese zu kennen und für das Leben zu berücksichtigen, gelingt mit zunehmendem Alter besser.

Die Rückmeldung anderer Menschen über die eigenen Fähigkeiten und Stärken ist wertvoll, um Selbst- und Fremdbild nicht nur abzugleichen, sondern zunehmend auch eine Angleichung der Wirkung nach außen an die eigene Persönlichkeit zu erreichen. Zudem hilft es dabei, von den eigenen Fähigkeiten überzeugt zu sein und entsprechend aufzutreten.

Auf die eigenen Stärken zu setzen, diesen zu vertrauen, hilft, mit schwierigen Lebensabschnitten und herausfordernden Situationen fertig zu werden. Eine Grundlage dafür ist,

- **sich mit seinen Stärken und Fähigkeiten selbst besser kennenzulernen,**
- **sich immer wieder zu reflektieren und**
- **Rückmeldungen von Freunden, Bekannten oder Kollegen und Kolleginnen einzuholen.**

3. Stärken stärken

Wir führen einen ständigen inneren Dialog mit uns selbst, der uns zu einer starken Persönlichkeit verhelfen kann, wenn die inneren Stimmen ermutigend und aufbauend auf uns einwirken. Hilfreich sind dabei ein gewisses Maß an Eigenlob und ein selbstbewusster Umgang mit Kritik – Kritik, die nicht als persönlicher Angriff, sondern als eine Hilfestellung für eine Weiterentwicklung aufgefasst werden sollte.

Mit unserem Denken über uns selbst können wir unseren Selbstwert steigern oder uns herabsetzen – es liegt an uns, ob wir stärkende oder kritische Stimmen die Oberhand über uns gewinnen lassen.

4. Stärken zeigen

„Tue Gutes und rede darüber" ist ein geflügeltes Wort für Selbst-Public-Relations geworden. War-

ten Sie nicht darauf, dass Ihren Leistungen von allein Anerkennung widerfährt, bringen Sie sich selbst immer wieder ins Gespräch. Davor steht ein beständiges Üben Ihrer Stärken, bis Sie diese verinnerlicht und automatisiert haben.

30

Zum Üben gehört es, auszuprobieren und Fehler machen zu dürfen. Nicht jede Absicht, nicht jeder Versuch, das eigene Verhalten zu verändern oder Stärken zu stärken, führt zum Erfolg.

- **Erlauben Sie sich den ein oder anderen Fehlversuch – auch daraus können Sie lernen.**
- **Setzen Sie sich Etappenziele.**
- **Legen Sie fest, wie Sie sich bei Erfolg belohnen möchten.**

5. Schwächen annehmen

Sich der Herausforderung des Annehmens der eigenen Schwächen zu stellen, macht auf Dauer glücklicher, als die eigenen Schwächen abzulehnen oder sogar zu bekämpfen. Je mehr versucht wird, eine Schwäche zu unterdrücken, umso mehr wird diese hervortreten.

Legen Sie Ihren Schwerpunkt darauf, Ihre Stärken zu stärken, aber achten Sie zugleich darauf, Ihre Schwächen nicht zu vernachlässigen. Sonst könnte es passieren, dass Ihnen die Fähigkeiten fehlen, um grundlegende Anforderungen des Lebens zu meistern.

Nur wer mit sich und seinem Leben zufrieden ist, kann auch mit anderen Menschen positive und befriedigende Beziehungen leben. Eine der Voraussetzungen dafür ist, sich mit den eigenen Stärken und Schwächen anzunehmen.

30

Die Autorin

 **Monika Heilmann,** Trainerin, Coach, Wirtschafts-Mediatorin und Autorin, unterstützt Unternehmen sowie Fach- und Führungskräfte in Fragen der Kommunikation und bei der Lösung von Konflikten im betrieblichen Alltag. Sie setzt ihren Schwerpunkt in den Bereichen Konfliktmanagement, Gesprächs- und Verhandlungsführung sowie Persönlichkeitsentwicklung.

Ihren Erfahrungsschatz sammelte sie in ihrer langjährigen Tätigkeit als Führungskraft in einem großen Berufsverband, für den sie wichtige Verhandlungen geleitet und begleitet hat. Heute vermittelt sie ihr Fachwissen in Coachings, Seminaren und Vorträgen.

Kontakt:
Monika Heilmann
COWIMO-Konfliktlösungen
Nelkenstraße 1/1
70771 Leinfelden-Echterdingen
Tel.: (0711) 4409410
E-Mail: info@cowimo.de
www.cowimo.de
www.monika-heilmann-buecher.de

Weiterführende Literatur

- Asgodom, Sabine: Eigenlob stimmt – Erfolg durch Selbst-PR, Verlag Econ, 2003

- Auch-Schwelk, Annette: Selbstbewusstsein – das „Ich bin Ich" Prinzip, Haufe Fachbuch, 2014

- Eberspächer, Hans: Gut sein, wenn's drauf ankommt, Verlag Hanser, 2011

- Etrillard, Stéphane: 30 Minuten Selbst-PR, GABAL Verlag, 2012

- Heilmann, Monika: Win-win-Gespräche – Gelassen reden, selbstsicher auftreten, Konflikte vermeiden, BusinessVillage Verlag, 2012

- Heilmann, Monika: Wenn zwei sich nicht streiten. In: Enkelmann, Nikolaus B. (Hg.): Die besten Ideen für erfolgreiche Rhetorik, GSA Top Speakers Edition, GABAL Verlag, 2011

- Hofert, Svenja: Was sind meine Stärken? Entdecke, was in dir steckt, GABAL Verlag, 2016

- Löhken, Sylvia: Leise Menschen – starke Wirkung; Wie Sie Präsenz zeigen und Gehör finden, GABAL Verlag, 2012

- Löhken, Sylvia: 30 Minuten Intro, Extro oder Zentro? GABAL Verlag, 2016

- Löhr, Jörg (Hg.): Die besten Ideen für eine starke Persönlichkeit, GSA Top Speaker Edition, GABAL Verlag, 2010

- Lorenz, Thomas; Oppitz, Stefan: 30 Minuten Selbstbewusstsein, GABAL Verlag, 2011

- Scheelen, Frank M.; Christiani, Alexander: Stärken stärken, Talente entdecken, entwickeln und einsetzen, Redline Verlag, 2013

- Sohst, Kathrin: Zart im Nehmen – Wie Sensibilität zur Stärke wird, GABAL Verlag, 2016

- Willmann, Hans-Georg: 30 Minuten Selbstvertrauen, GABAL Verlag, 2013

- Wlodarek, Eva: Selbstvertrauen – stärken und ausstrahlen, Verlag Kreuz, 2014

Links

Heilmann, Monika: Mit Leichtigkeit Gehaltsgespräche führen, in: Lernende Organisation, 2013;
http://www.cowimo-konfliktloesungen.de/28_Presse.php

Heilmann, Monika: Spielregeln des Erfolgs in Frauen-MachtKarriere – Dokumentation IHK-Veranstaltung, 2008;
http://www.cowimo-konfliktloesungen.de/28_Presse.php

Register